Schlechter Sex 3

Mia Ming

Schlechter Sex 3

33 Frauen berichten über ihre lustigsten, peinlichsten & absurdesten Erlebnisse

Schwarzkopf & Schwarzkopf

Für Tanja, Babette, Sylvia, Flo,
Mehmet, Christian und Galindo.

Inhalt

Sex ist nur schmutzig,
wenn er richtig gemacht wird.
Woody Allen

Liebe Leserin, lieber Leser,

Schlechter Sex 1« und »Schlechter Sex 2« haben eine Flut von Briefen und E-Mails besonders meiner Leserinnen ausgelöst, die noch immer nicht versiegt ist. Die Zahl der Frauen, die mir ebenfalls ihre Erlebnisse berichten wollten, nahm nicht ab – zu viel war noch nicht erzählt worden. Viele dieser Geschichten finden sich hier im dritten Band. Dafür möchte ich Euch danken.

Wiederum haben die Frauen das Wort, von den Dramen zu berichten, die sich aus einer gemeinsamen Nacht entwickeln können, von Stellungsfehlern, grotesken Fantasien, absurden Leidenschaften, sexuellen Traumwelten und frustrierenden Realitäten. Manche Begegnungen lassen sich nur mit Humor ertragen, denn dieser ist die beste Waffe im Umgang mit den Schattenseiten des Liebeslebens. Niemand ist davor gefeit, auf der Suche nach Abenteuern oder der großen Liebe auf Abgründe zu stoßen.

Ein Liebesakt unter dem Sternenhimmel ist nicht automatisch romantisch und Ausdauer nicht in allen Situationen wünschenswert. Auch beim Dirty Talk macht erst der richtige Ton die Musik.

Manchmal ist sogar Bewusstlosigkeit kein Ausweg und selbst guter Sex kann einen schlechten Nachgeschmack hinterlassen, wenn keine Gefühle im Spiel waren.

»Schlechter Sex 2« hat gezeigt, dass Frauen ebenso wenig fehlerfrei sind, wenn es um Sex geht, wie Männer. Doch das männliche Geschlecht gibt sich viel zu häufig mit schlechtem Sex zufrieden. Bei Frauen ist das nicht so.

Dabei ist es so einfach – Sex ist Geben und Nehmen, wer gibt, kriegt meist viel zurück. Daher sollten die Männer beim Lesen gut aufpassen. Denn wieder gibt es einiges über das Labyrinth weiblicher Launen, Wünsche und Bedürfnisse zu erfahren. Und natürlich über das Fehlverhalten und die Orientierungslosigkeit des eigenen Geschlechts.

Viel Vergnügen bei den 33 neuen Geschichten!

Berlin, im Frühjahr 2009

Mia Ming

Die 1. Todsünde des Sex: Egoismus

Ach, komm schon!

Susan (26), Kindergärtnerin, Wiesbaden
über
Simon (27), VWL-Student, Wiesbaden

Mein Leben ist gerade ganz schön langweilig, denke ich, während ich über den chemisch riechenden Krankenhausflur laufe. Wie muss es erst sein, wenn man hier drin eingesperrt ist, vielleicht mit einem Bein in der Schlinge? So wie Simon, der ist schon seit Tagen hier. Eine schreckliche Vorstellung.

Als ich sein Zimmer betrete, liegt er mit dem Gesicht zum Fenster, apathisch starrt er vor sich hin. Irgendetwas verströmt einen abartigen Küchengeruch, der viel schlimmer ist als der Geruch im Flur.

»Hey, Simon!«, rufe ich, bemüht fröhlich. »Wie geht's?«

Er wendet mir sein Gesicht zu, blass und traurig sieht er aus und sofort tut er mir von ganzem Herzen leid.

»Hallo! Wie schön, dass du kommst! Hast du mir Pizza mitgebracht?«

»Klar.« Ich beuge mich über ihn und gebe ihm einen Begrüßungskuss.

»Bringst du das bitte raus?«, fragt Simon und zeigt auf das unberührte Mittagessenstablett. Scine Stimme ist ekelgeschüttelt. »Was denken die sich dabei bloß?«

Offenbar erwartet er keine Antwort, also greife ich mir das Tablett und bringe es mit lang gestreckten Armen nach draußen, dann reiche ich ihm den Pizza-Karton. Hungrig fällt er darüber her. Seit Simon hier ist, ernährt er sich ausschließlich von Pizza. Liefer-Pizza mag er nicht, also ist er auf Besuch angewiesen.

»Ich bin so froh, dass der Typ neben mir weg ist! Der hat den ganzen Tag seine Frau da sitzen gehabt. Und den Fernseher an. Meist haben sie Werbung gesehen. Werbung für Handyklingeltöne! Ich hätte nie gedacht, dass irgendwer freiwillig so was guckt. Da wirst du wahnsinnig! Da kommt immer so ein ›Fickender Frosch‹, den man aufs Handy bestellen kann; wenn der kam, hat der Typ jedes Mal gelacht und gesagt: ›Hey, guck mal, da ist er wieder!‹«

Ich muss lachen. Ich bin auch froh, dass Simon jetzt allein ist, so kann man sich wenigstens ungestört unterhalten.

»Na, wart erst mal ab, wer jetzt kommt«, sag ich, doch Simon verdreht nur die Augen.

»Komm, setz dich zu mir«, sagt er, und klopft einladend auf die Matratze. Er sieht jetzt schon nicht mehr ganz so blass aus.

»Nee, lass mal«, wehre ich ab, bei aller Liebe, das ist mir echt zu unbequem, da auf seinem Bettrand zu balancieren. »Kommt heut noch wer zu Besuch?«

»Nee, die haben ja alle Wichtigeres zu tun.« Wenn er schmollt, sieht er aus wie ein kleiner Junge. »Und Mama war schon da.« Nun gut, also Mama und ich, wir bilden eine verlässliche Basis. Da soll er sich mal nicht beschweren.

Simon ist mein Exfreund, wir kennen uns seit Kindertagen, waren dreieinhalb Jahre zusammen und sind jetzt befreundet. Unsere Trennung war eine üble Geschichte, Simon wollte sich ausprobieren, mich aber nicht verlieren, also hat er sich heimlich ausprobiert. Solange ich nicht wusste, dass er, wann immer sich eine darauf einließ, Sex mit anderen Frauen hatte, hatte er auch kein schlechtes Gewissen. Und das ging erstaunlich lange gut. Na ja, gut ist was anderes … Als ich jedoch eines Tages durch einen dummen Zufall davon erfuhr, brach nicht nur für mich eine Welt zusammen, auch Simon litt furchtbar. Er gab alles zu – was er sicherlich bis heute bereut –, die eigene Schlechtigkeit ließ ihn in Tränen ausbrechen, er stimmte in meine Beschimpfungen ein und schluchzte, er würde das alles bitte bitte wiedergutmachen wollen. Er tat, als wäre er ebenso Opfer des eigenen Charakters geworden wie ich und das kam ihm wohl auch wirklich so vor.

Also trennten wir uns, doch er rief täglich an, schrieb mir lange, jammervolle Entschuldigungsbriefe und erzählte unseren Freunden, was er für ein Arschloch sei und wie leid ihm das alles tue. Fast erwartete ich, dass *ich ihn* trösten solle. Die ganze Situation war irgendwie pervers. Ich wollte ihn hassen, beschimpfen, verprügeln ... aber beschimpf mal jemanden, der wie ein Häuflein Elend vor dir sitzt und zu allem, was du sagst, nickt. Ich wollte einen Gegner, kein Opfer, denn Opfer war ich selbst. Auch gegen meine Rivalin konnte ich meine Wut nicht richten, denn sie tauchte in einer großen Masse von Namen, Handynummern, Wochenendausflügen und »nur guten Freundinnen« unter. Es ging mir entsetzlich.

Simon erzählte mir immer, dass er ein Einzelfall sei, ganz isoliert zu betrachten und alles andere als repräsentativ und allgemeingültig, da er Angst hatte, er hätte meine Beziehung zu Männern für alle Zeit geschädigt. Als ich dann aber irgendwann wieder einen Freund hatte, war der ihm nicht gut genug, er beäugte ihn misstrauisch und war überaus leicht gegen ihn aufzubringen. Damit ging er mir auf die Nerven, aber Simon meint es eigentlich nur gut. Ich würde nie wieder eine Beziehung mit ihm eingehen, das Thema ist vorbei. Simon ist jetzt mein treuer Freund und immer auf meiner Seite.

»War Tamara da?«, frag ich ihn. Er zieht eine Grimasse.

»Nee! Bloß nicht! Woher weißt du denn davon schon wieder?«

»Über die Buschtrommel. Ist Tamara schon wieder vorbei?«

»Da war doch gar nichts!«

Ach, Simon! Wiesbaden ist jetzt nicht soo groß und wenn er mir mal irgendwas nicht erzählt, hör ich es eh irgendwann über ein oder zwei Ecken. Vor allem jetzt, da ich schon so lange nicht mehr seine Freundin bin.

»Also, da war jetzt nichts Nennenswertes«, ergänzt er und ich grinse. Okay. Seit wir uns vor drei Jahren getrennt haben, hatte

Simon keine feste Freundin mehr, nur noch Affären. Manchmal denke ich fast, er hat damals tatsächlich mehr Schaden genommen als ich. Aber es gefällt ihm offenbar so, wie es ist.

»Du siehst gut aus«, sagt Simon. Ich lächle. Komplimente soll man ruhig einfach halten. Und immer raus damit! Viele Männer geben sich so viel Mühe, etwas Originelles zu sagen, dass sie es am Ende versauen, wenn sie nicht schon vorher aufgeben. Dabei haben Komplimente eine so positive Auswirkung. Man sollte viel mehr nette Sachen sagen!

»Danke. Du auch!«, sage ich deshalb, obwohl das eigentlich nicht stimmt. Na ja, schlecht schaut Simon jetzt auch nicht aus, aber schon etwas nach Krankenhaus. Ich mustere meine Schuhe, mein Rock ist verrutscht, das nervt. Aber Röcke führen ein Eigenleben, daran kann man sie nicht hindern, das weiß ich mittlerweile, also versuche ich gar nicht, ihn zurechtzurücken.

»Komm doch mal her«, sagt Simon. »Dann zeig ich dir auch SMS von Tamara.« Ich springe sofort auf. Ich weiß, es ist schäbig, aber ich kann nicht anders, Simon bekommt derart absurde SMS und Mails von Verehrerinnen, ich hätte nie gedacht, dass Mädchen solche Dinge schreiben! Viele schicken ihm Brust- und Muschi-Bilder! Würde ich nie machen so was ...

»Zeig her!«, fordere ich und setze mich neben ihn aufs Bett. Er tippt in seinem Handy, dann lässt er mich lesen: »Komm vorbei, jederzeit, ich will dich immer und überall!«

»Langweilig!«, krähe ich, obwohl ich das eigentlich gar nicht finde. Simon sucht eine andere.

»Ich wünschte, du wärst hier! Will dich auf mir, in mir, über mir, unter mir spüren.« Schon besser. Mit Liebe zum Detail! Ich lese weiter, mit schlechtem Gewissen. Bin ich froh, dass ich diese Tamara nicht kenne!

»Und das alles nach nur einem Abend?«, frage ich staunend.

»Ja! Und obwohl ich nicht mal geantwortet hab. Und der Sex war auch total schlecht. Sie sah voll scheiße aus, fast hätte ich nicht gekonnt«, sagt Simon. Knallhart. Ich schüttle mich.

»Du bist echt ein Arschloch, Simon«, sage ich dann und meine es ehrlich.

»Ach was, wir haben uns doch lieb«, sagt mein Ex und schmiegt sich an mich. Ich möchte zurückweichen, doch irgendwie fühlt es sich auch gut an. Allzu viel körperliche Nähe hatte ich nicht in letzter Zeit. Eine kleine Umarmung unter Freunden ... doch dann sehe ich, dass Simon eine Erektion hat. Und was für eine! Obwohl er sich seitlich verrenkt und die Decke darübergefaltet hat, kann ich es deutlich erkennen. Er kriegt mit, dass ich es gesehen hab und hält mich fest.

»Ich glaub, das kommt von den Medikamenten«, sagt er spitzbübisch lächelnd. »Ich bin hier so unglaublich rollig! Das kannst du dir gar nicht vorstellen. Ich werde noch wahnsinnig!«

Ich will aufstehen, doch er hält mich fest.

»Süße, ich bin halt ein Mann, das ist meine Natur. Ich lieg hier ja auch schon seit Tagen ...«

Was ist denn das für eine dumme Erklärung?

»Ach, ich dachte schon, das hätte mit mir zu tun!«, schnapp ich. Auch nicht viel besser.

»Doch, doch, natürlich hat das mit dir zu tun. Bitte, geh nicht weg.« Simon streichelt liebevoll über meinen Rücken, dann greift er nach meiner Hand. »Könntest du dich da bitte drum kümmern? Bitte?«, flüstert er beschwörerisch. Er legt meine Hand auf die Beule unter der Decke.

»Spinnst du? Mach doch selbst!«

»Komm bitte, Susan, nur mit der Hand, ist doch nichts dabei.«

Ich bin ein Idiot und wie um das unter Beweis zu stellen, streiche ich mit den Fingerspitzen leicht über der Decke über seinen Schwanz.

»Oh ja«, Simon versteift sich, drückt seinen Unterleib gegen meine Hand. Dann zieht er an der Decke, um sie wegzuziehen.

»Nein, nicht, wenn jemand reinkommt!«

»Hier kommt niemand rein, ganz sicher nicht! Die haben schon alles erledigt. Mach dir keine Gedanken!«

Er zieht die Decke weg und ich schließe die Finger um sein Glied. Keine Ahnung, warum ich das mache. Ich kann Simon einfach nichts abschlagen, das war schon immer so.

»Langsam«, sagt er. »Und jetzt etwas schneller.« Ist ja gut. Folgsam werde ich langsamer und schneller. Ich guck mich dabei schon mal nach einem Handtuch um, ich hab ja sicher gleich den Glibber an den Fingern. Ah, auf dem Nachttisch liegen Papiertücher, gut.

»Mach's mal ganz kurz mit dem Mund, bitte ...«, Simon beginnt zu flehen. Keinerlei Schamgefühl ... Er ist so ein Egoist. Und ein Bettler! Bestimmt hat er nur so viele Frauen, weil er so lang und penetrant bettelt, bis sie es nicht mehr aushalten und Ja sagen. Wie ich jetzt, langsam nähere ich mich mit meinem Mund seinem Schwanz. Er riecht unangenehm zitronig, nach Krankenhausseife.

»Ja«, stöhnt Simon. Ich lutsche unmotiviert an ihm, eigentlich wollte ich das ja nicht mehr machen. Er schmeckt auch nach Krankenhausseife. Besser, ich mach jetzt gleich mit der Hand weiter ... Da geht die Tür auf und eine weißbekittelte Schwester stampft ins Zimmer, bleibt wie angewurzelt stehen und starrt uns mit offenem Mund an. So etwas sieht sie wohl nicht alle Tage. Mit hochrotem Kopf richte ich mich auf, Simon zieht hektisch die Decke über sich. Keiner sagt etwas.

»Ich geh dann mal«, murmle ich nach Stunden des Schweigens und greife nach meiner Jacke. Stocksteif stakse ich an der Schwester vorbei aus dem Zimmer. Das verzeih ich Simon nie! Den nächsten Krankenbesuch kann er vergessen.

Die 2. Todsünde des Sex: Stumpfheit

Wie der junge Elvis

Magda (29), Kommunikationsleiterin, Erfurt
über
Nino (23), Praktikant, Erfurt

Hand in Hand laufen wir durch den Regen. Ich schließe die Haustür auf und lachend flüchten wir ins Trockene. Nino küsst mich schon im Hausflur wie ein frisch verliebter Teenager. Leider küsst er wirklich wie ein frisch verliebter Teenager, stürmisch rammt er seine Zunge in meinen Mund. Ich warte einen Anstandsmoment, dann schiebe ich ihn weg und ignoriere den Speichelfaden, der sich dabei von meinem Mund zu seinem zieht.

»Lass uns reingehen«, sage ich und tröste mich damit, dass wir uns ja nicht so viel küssen müssen. Nino sieht aus wie der junge Elvis, und es lässt sich bestimmt noch mehr mit ihm anfangen. Das hoffe ich zumindest. Ich ziehe ihn hinter mir her in meine Wohnung.

»Krass«, sagt er, lässt meine Hand los und läuft wie ein unerzogener Hund durch die Zimmer. Ich überlege, ihn zu bitten, seine Schuhe auszuziehen, das ist mir aber zu doof. Jetzt ist es eh zu spät, zähneknirschend betrachte ich die nassgrauen Fußabdrücke auf meinem Teppich. In der Küche suche ich nach Getränken. Neulich war mein Bruder da und ich habe irgendwo Wein vor ihm versteckt. Ich klettere auf einen Stuhl und suche oben auf den Hängeschränken.

»Was machst du da?«, fragt Nino.

»Ach, nichts«, wehre ich ab, während ich hinter verstaubtem Gerümpel nach den Flaschen fahnde. Dabei schubse ich versehentlich ein verstaubtes Tassenset um, das meine Mutter mir zu Weihnachten geschenkt hat und das dort noch halb eingepackt vor sich hin gammelt. Die Tassen rutschen aus der Packung und fallen nacheinander auf die voll gestellte Ablage, wo sie in tausend Scherben zerspringen.

»Fuck«, sagt Nino, als das Klirren abklingt. Sonderlich geistreich ist er ja nicht. Er steht noch immer in der Küchentür, kratzt sich am Bauch und schaut mich an. Groß und unbeholfen sieht er aus, und sofort vergesse ich, dass ich die Tassen umgeworfen habe und nicht er.

»Kannst du mir vielleicht mal helfen?«, fauche ich ungehalten. Bestürzt geht er in die Hocke und pickt in den Scherben herum. Gleich wird er sich verletzen! Ich springe vom Stuhl, greife nach dem Handfeger und drücke Nino diesen in die Hand. Gut, dass er Schuhe anhat. Während er den Fußboden von den Splittern befreit, suche ich weiter nach Alkohol. Mist, ich hätte auch einfach mal dran denken können, etwas einzukaufen, aber der Regen, und es war ja auch nicht geplant, dass ich die Geburtstagsfeier meiner Schwester mit diesem Nino verlasse, der bestimmt sieben Jahre jünger ist als ich und aussieht wie Elvis. Da konnte ich natürlich nicht widerstehen.

Ich könnte ihn zur Tankstelle schicken, ist aber ziemlich weit ... da fällt mir ein, wo ich die Flaschen versteckt hab! Unterm Bett finde ich Sekt und Wein. Immerhin etwas. Im Wohnzimmer stelle ich Musik an, irgendwas das meine Schwester mir mal aufgenommen hat, es soll ja auch Nino gefallen. Der ist mittlerweile hinter mir hergekommen und zieht an mir. Seine Arme schließen sich fest um mich, es fühlt sich gut an. Er sieht wirklich aus wie Elvis und er riecht auch gut. Schon hatte ich vergessen, wie schlecht er küsst, doch innerhalb weniger Sekunden ist mein Kinn feucht. Verdammt, hätte ich ihn schon auf der Party geküsst, hätte ich ihn niemals mitgenommen! Dann wäre ich jetzt noch da, und meine kleine Schwester wäre nicht wütend auf mich. Aber ich habe ja mal wieder überstürzt gehandelt. Geschenkter Gaul und so. Aber jetzt sind wir hier.

»Komm wir gehen ins Bett«, schlage ich vor. Noch ist ja nicht alles verloren.

Folgsam trottet er hinter mir ins Schlafzimmer. Per Fußtritt fege ich ein paar Slips unters Bett und schiebe die zerknüllte Decke an die Wand. Hätte ich gewusst, dass Besuch kommt, hätte ich vielleicht das Bett gemacht.

»Setz dich«, sage ich freundlich und gehe raus, um Wein zu holen. Als ich zurückkomme, sitzt er in Shorts auf meinem Bett. Also nichts mit Geschenkeauspacken, aber sein Körper gefällt mir, muskulös und … braun? Ob er auf die Sonnenbank geht? Oje. Nee, er war sicher gerade im Urlaub, doch ich frag besser nicht nach. Er gefällt sich offensichtlich auch, selbstbewusst schaut er mir entgegen. Prima, dann können wir uns das Geknutsche vorher sparen! Ich zieh mir in hollywoodreifer Geste mein Kleid über den Kopf, stehe in meiner schönsten Unterwäsche vor ihm und schüttle meine Haare. Gut habe ich das gemacht! Er sitzt auf der Bettkante und ich setze mich auf seine Knie, streichle seinen Rücken, beiße in seinen Hals, während er meinen BH-Verschluss öffnet und meine Hüften umfasst. Er fühlt sich wirklich gut an. Fast bedaure ich, nur zehn Finger und einen Mund zu haben, ich hätte Verwendung für mehr. Wir liegen im Bett und sein Schwanz drückt groß und hart gegen meine Hüfte. Gleich wird er sich auf mich legen und … Jajaja.

Da löst er sich von mir und sagt: » Fessel mich!«

Wie jetzt? Verdutzt schaue ich ihn an. Wieso fesseln? Und wieso ihn? Also mich fesseln würde ich ja noch verstehen, aber ihn? Er ist doch der Mann. Meine Güte, habe ich mir hier etwa irgend so einen Perverso geangelt?

»Muss das sein?«, frage ich. »Können wir nicht einfach ganz normal …?«

»Wer weiß, ob wir uns je wiedersehen!«, argumentiert er wenig romantisch, aber schlagkräftig. Da hat er recht. Na gut, meinetwegen, dann fessle ich ihn halt. Vielleicht ist das ja so eine Generationensache, gerade topmodisch, und die Jungs in seinem

Alter lassen sich zum Kennenlernen immer erst mal fesseln? Dann will ich dem auch nicht so altbacken im Wege stehen.

»Aber … vielleicht könntest du ja mich fesseln?«, erkundige ich mich trotzdem. Man kann es ja mal versuchen. Und Fesseln ist schließlich Fesseln, da soll er sich nicht so anstellen! Bestimmt bin ich altmodisch, aber gefesselte Frauen im Bett find ich irgendwie besser als gefesselte Männer.

»Nein«, voller Abscheu schüttelt er den Kopf.

Okay, ist ja schon gut, ich steh ja schon auf und hol etwas … Aus meiner Kommodenschublade krame ich zwei Strumpfhosen, mit denen ich seine Handgelenke an die Pfosten binde, die geradezu prädestiniert für solche Spielchen mein Bett säumen. Ist mir vorher nie aufgefallen! Wind, schnür, knot und fertig. Hm, sieht ja schon ganz lecker aus, wie er da so liegt, vielleicht war das Ganze doch keine so schlechte Idee. Ich stell mich aufs Bett, damit er mich sehen kann und entledige mich lasziv meiner Unterhose. Dann krabble ich zu ihm, knie mich breitbeinig hin, greife nach seinem präparierten Schwanz, senke langsam langsam meinen Unterleib … er windet sich lustvoll unter mir. Langsam langsam lasse ich ihn zwischen meine Beine gleiten … Ja, jetzt …

»Fick mich«, sagt er. Ich stutze. Und dann sagt er es noch mal: »Fick mich!«

Also nee, das finde ich jetzt aber wirklich nicht so sexy. »Fick mich«, sag *ich* vielleicht, *er* soll so was nicht sagen. Ich hindere ihn, weitere Unflätigkeiten auszustoßen, indem ich meinen Mund auf seinen drücke. Reptilienhaft schnellt seine Zunge vor und wütet in meinem Mund. Erschreckend! Sogar auf dem Rücken liegend küsst er noch hundsmiserabel. Rechts und links läuft ihm der Sabber aus den Mundwinkeln. Mit einem herzhaften »Igitt« richte ich mich wieder auf.

»Was ist denn?«, fragt sein feuchter Mund. Das weiß ich auch nicht so genau. Noch immer halte ich seinen harten Schwanz in der Hand und kauere über ihm. Eine anstrengende Position. Ich mustere sein Elvisgesicht, seine muskulösen festgebundenen

Arme, seinen breiten Brustkorb. Gerade will ich mich auf ihn stürzen, da sagt er wieder, etwas quengelig diesmal: »Fick mich! Los, jetzt fick mich!«

Das ist zu viel, er spinnt wohl, hier so rumzuquengeln. Plötzlich weiß ich, was zu tun ist. Ich greife meine Unterhose, knülle sie zusammen und stopfe sie ihm in den feuchten Mund. Dass ich da nicht gleich drauf gekommen bin! Nino reißt die Augen auf. Egal, ich richte mein Augenmerk auf seinen Schwanz, der noch immer hart ist, und lasse ihn endlich endlich in mich gleiten.

»Hmpf«, macht er, während ich ihn ficke, »hmpf, hmpf.« Klingt gar nicht schlecht! Ich glaub, er findet's super.

Als ich fertig bin und ihn von Fessel und Knebel befreit habe, bestätigt er mir das. Sofort will er mich wieder küssen, doch ich wehre ab. Nicht, dass er sich noch in mich verliebt!

Erstaunt schaue ich auf die Uhr, wir waren sehr zeiteffizient, es ist noch richtig früh. Bevor Nino hier einen gemeinsamen Fernsehabend oder so was starten will, sollten wir lieber wieder zu der Party meiner Schwester zurückgehen, ich habe jetzt ein schlechtes Gewissen, weil ich einfach gegangen bin.

»Kommst du noch mal mit zur Party?«, frage ich, als Nino es sich gerade gemütlich machen will.

»Ja, gut«, sagt er. Nichts anderes habe ich erwartet. Mit spitzen Lippen pick ich ihm ein Vogelküsschen auf den Mund, drück ihn noch mal herzlich an mich und suche dann mein Kleid, um mich anzuziehen.

Die 3. Todsünde des Sex: Maßlosigkeit

Sexmachine

Friederike (33), Fotografin, Bern
über
Roman (35), Barmann, Bern

Selbst beim besten aller One-Night-Stands war ich anschließend irgendwie froh, als es vorüber war. Diese Anspannung! Natürlich ist es auch erregend, dich spontan mit jemandem einzulassen, du weißt nicht genau, was dich erwartet, du musst keine Verpflichtungen eingehen, da beiden Seiten – normalerweise – klar ist, dass es hier zuallererst um Sex geht. Wiedersehen, Liebe, Freundschaft sind nicht unbedingt ausgeschlossen, aber erst mal nicht erforderlich. Aber diese Situation muss man auch zu nutzen wissen und ich bin leider immer viel zu nervös, so dass ich mich nicht wirklich entspannen kann. Eigentlich weiß ich mittlerweile, was ich beim Sex will, stehe mir aber mit meiner Nervosität selbst im Weg.

Leider ist es so einfach, einen One-Night-Stand zu kriegen, alles andere ist bedeutend schwieriger. Da ich nicht gerade herausragend schön bin, sondern eher angestrengtes Mittelmaß, treffe ich oft Männer, die gern mit mir ins Bett gehen wollen, aber höchst selten welche, die mehr wollen. Bevor sich mehr entwickeln könnte oder ich Ansprüche an sie stelle, lassen die Männer mich fallen. Eine Erfahrung, die ich niemandem wünsche und ganz sicher nichts, woran man sich gewöhnen kann. Es tut immer weh.

Meine letzte Affäre hat sich über Monate fast jedes zweite Wochenende mit mir getroffen, wir blieben von Freitagnacht bis Sonntag zusammen, trafen uns bei mir oder ihm zu Hause oder in Hotels, schliefen miteinander, gingen spazieren und essen, er war aufmerksam, liebevoll und bemühte sich um mich. Doch jedes verdammte Mal erhielt ich spätestens montagnachmittags eine SMS, in der er sich für die schöne Zeit bedankte und dann betonte, dass er nichts Festes wolle. Dann meldete er sich bis zum nächsten Wochenende nicht mehr. Was für eine Gemeinheit!

Mag ja sein, dass er nichts Festes wollte, aber so eine schäbige Wegschubs-SMS ist nicht gerade ein charmanter Weg, darauf hinzuweisen. Und immer ungefähr derselbe Wortlaut. Fünf Mal. Ich schrieb meist patzig zurück, dass das schon in Ordnung sei. Und dann wartete ich trotzdem auf seine Meldung. Jedes Mal schwor ich mir, ihn nicht mehr zu treffen, wenn er aber kurz vorm Wochenende wieder schrieb, bin ich doch zu ihm gefahren. Selbst schuld, ich weiß, aber ich dachte, schlimmer kann es nicht werden. Schlimmer wurde es auch nicht, aber es dauerte länger.

Bei meinem letzten One-Night-Stand allerdings lief es anders, ich kam gar nicht einmal dazu, nervös zu sein. Er hieß Roman und arbeitete als Barkeeper. Meine Freundinnen und ich haben alle für ihn geschwärmt, er sah ein bisschen aus wie Robbie Williams, als der noch schlank war, doch er hatte eine Freundin, die immer irgendwann nachts in der Bar auftauchte und dann perfekt frisiert, im kurzen Petticoat am Tresen saß und auf ihn wartete. Als Roman mir eines Abends unaufgefordert einen Cocktail hinstellte und beim Bezahlen einfach abwinkte, war ich vor allen Dingen erstaunt. Mit seiner Freundin war es offensichtlich vorbei! Ich fand es schmeichelhaft, dass er sich für mich interessierte und sofort war ich eine leichte Beute. Als letzter Gast blieb ich an der Theke sitzen und wartete auf Roman, während er die Abrechnung machte.

»Kommst du mit zu mir, Baby?«, fragte er lächelnd und schüttelte sich eine dunkle Haarsträhne aus den Augen. Das war nicht nur wenig subtil, das war gestelzt und etwas albern. Dennoch musste ich an mich halten, um nicht sofort begeistert zu bejahen. Stattdessen blies ich nachdenklich gegen meine Ponyfransen, zählte bis fünf und nickte dann zerstreut. »Warum nicht?«

Innerlich bebend, doch äußerlich kühl und gefasst, stieg ich mit Roman in ein Taxi. Die Fahrt war kurz, nur fünf Minuten später standen wir vor seiner Wohnungstür. Er schloss auf, nahm meine Hand und führte mich durch den dunklen Flur ins Wohnzimmer.

»Ich zünd schnell ein paar Kerzen an und so …«

Weg war er. Ich saß allein im Dunkeln und hörte ihn im Badezimmer planschen. Er ließ sich Zeit, also entzündete ich selbst eine Kerze, die vor mir auf dem Sofatisch stand. Meine Augen, die sich langsam an die Dunkelheit gewöhnten, konnten einen vollgestellten und mit Dekoartikeln überfrachteten Raum ausmachen. An den Wänden knitterten alle möglichen Poster vor sich hin, ich erkannte Motorräder und Russ-Meyer-Motive. Auf jeder freien Fläche standen staubige Totenköpfe, eingerahmte Fotos und Superheldenfiguren. He-Man und Skeletor sahen mit ernstem Blick von einem kleinen Regal über dem Sofa auf mich herab, die anderen kannte ich nicht. Einige, noch originalverpackt, waren in bunten Pappkartons an die Wände gepinnt, was ich besonders schaurig fand.

Da kam Roman wieder, er hatte nur ein Handtuch um die Hüften geknotet und stellte sich vor mir in Pose. Offenbar verbrachte er viel Zeit im Fitness-Studio und wollte jetzt gelobt werden. Er spannte seine Oberarmmuskeln an, lächelte selbstgefällig und sah mich erwartungsvoll an. Fast hätte ich losgeprustet, tat es aber nicht, sondern lächelte irritiert zurück. Roman wechselte die Pose, stand jetzt mit dem Rücken zu mir und blickte sich neckisch über die Schulter. Was tat er da? War das sein Vorspiel? Er erwartete sein Kompliment, aber das ging mir dann doch zu weit. Als ich nichts sagte, löste er das Handtuch, ließ es zu Boden fallen und trat einen Schritt auf mich zu. Sein Schwanz hing halbsteif in Augenhöhe vor meinem Gesicht. Roman legte seine Hand auf meinen Kopf. »Los, blas ihn!«, sagte er.

In pornofilmreifer Geste baute er sich breitbeinig vor mir auf und stützte die Hände in die Hüften. Ich begann die Spitze seines Glieds mit meiner Zunge zu umkreisen, leckte dann seitlich von der Spitze zur Wurzel und langsam wieder zurück, bevor ich ihn in meinen Mund gleiten lassen wollte. Doch er knurrte ungeduldig: »Los, Baby, das kannst du besser! Nimm ihn in den Mund.« Er hielt meinen Kopf fest, stopfte seinen Schwanz hinein und bewegte ruckartig die Hüften vor und zurück, während er »Ja, so ist es richtig, lutsch ihn, gut machst du das« vor sich hin brummte. Ich würgte, Tränen schossen mir in die Augen, auch regten sich erste Zweifel ob der geistigen Brillanz meines Gespielen. Also befreite ich meinen Kopf aus seinem Griff und schubste ihn von mir. Ich blase gut, da bin ich mir sicher. Und es darf durchaus spielerisch masochistische Formen annehmen, aber das hier war mir doch zu plump. Ich hustete und wischte mir über die verlaufene Schminke, während Roman begütigend meinen Kopf tätschelte. Er sah immer noch gut aus, doch mittlerweile war ich mir nicht mehr so sicher, ob es eine so gute Idee gewesen war, ihn zu begleiten.

Roman beugte sich zu mir und küsste mich, drückte mich nach hinten aufs Sofa, so dass ich auf dem Rücken lag. Er zerrte dabei so heftig an meinem Kleid, dass ich Angst bekam, er könne es zerreißen. Und wie sollte ich dann nach Hause kommen?

»Warte!« Ich zog mich schnell aus, während Roman mich fixierte und dabei seinen Schwanz wichste. Warum gebe ich eigentlich so viel Geld für schöne Unterwäsche aus, sie wird ja doch nie gewürdigt? Ich überlegte, was ich Lustiges sagen könnte, um die Situation ein wenig aufzuheitern, doch mir fiel partout nichts ein.

Sobald ich meine Strumpfhose über die Füße gefriemelt hatte, warf er sich wieder auf mich und wütete mit seiner Zunge in meinem Mund. Er begann, meine Brüste zu kneten, in merkwürdigen kreisenden Bewegungen. Es war unangenehm, also hielt ich ihn davon ab. Er nahm das als Zeichen, dass es jetzt an der Zeit sei, meine Beine zu spreizen und sein Gesicht dazwischenzuwühlen. Ich lag stocksteif da. Er hob noch mal seinen Kopf und zwinkerte mir tatsächlich zu, wie ein 70er-Jahre-Pornostar, dann begann er mich schmatzend und saugend zu bearbeiten. Irritiert und mit leichtem Abscheu ließ ich ihn gewähren – nicht die besten Voraussetzungen. Ich stellte mir vor, wie ich vor meinen Freundinnen sein Zwinkern nachspielen würde. Wir würden uns vor Lachen auf dem Boden wälzen. Doch erst mal war ich hier.

Roman spuckte mehrmals auf seine Hand, im Bemühen, so viel Feuchtigkeit wie nur möglich aufzutragen, dann leckte er an mir, als wäre ich eine Eiswaffel. Von nervöser Neugier ergriffen, wartete ich ab. Was würde geschehen? Es war, als würde Roman absichtlich jeden angenehmen Punkt mit der Zunge auslassen, stattdessen saugte er hingebungsvoll an meinen Schamlippen, so dass ich fast Angst bekam, er könne sie verschlucken. Dabei rieb er seine Stirn schmerzhaft an der Stelle, wo meine Klitoris sich vor lauter Angst möglichst weit zurückgezogen hatte. Und stöhnte übertrieben. Wäre es nicht so unangenehm gewesen, hätte ich mit Sicherheit lachen müssen.

»Hör auf, das reicht«, entfuhr es mir, ich packte seine Schultern und zog an ihm.

»Okay, Baby«, er kam hoch, hockte sich über mich und begann wieder, mir seinen Schwanz in den Mund zu schieben.

»Ja«, keuchte er, »gut machst du das.« Er erinnerte mich an eine wild gewordene Version von Rocco Siffredi, dem ich zwar gerne mal zusehe, wie er Prag, Ibiza oder Moskau penetriert, mit dem ich aber nicht unbedingt selbst das Bett teilen möchte. Schicksalsergeben saugte ich an Roman, doch nur um die Sache abzuschließen, denn mittlerweile reichte mir seine Darbietung. Was würde wohl ein Taxi zu mir nach Hause kosten? Ich fand, wir sollten es jetzt dabei belassen. Doch Roman war anderer Meinung, denn er zog mehrmals seinen Schwanz aus meinem Mund, um ihn mir rechts und links gegen das Gesicht zu klatschen. Beim ersten Mal dachte ich, es wäre ein Versehen, doch es gehörte offenbar zu seinem »Liebesspiel«. So würde das ja nie ein Ende finden. Wie kam ich jetzt schnell hier raus?

»Oh, Baby, du bist so gut. Sag, dass du gefickt werden willst!«, stöhnte er plötzlich und verdrehte wild die Augen. Mir schauderte. Das wollte ich wirklich nicht auch noch erleben. Fieberhaft überlegte ich, was ich für eine schlimme Geschlechtskrankheit anführen könnte und wollte gerade zur Erklärung ansetzen, da klackerte ein Schlüssel in der Wohnungstür. Das Licht im Flur wurde angeschaltet. Starr vor Entsetzen verharrte Roman und glotzte wie ein verängstigtes Kaninchen auf die Zimmertür, die nun geöffnet wurde. Perfekt gestylt blickte uns das Mädchen von der Theke entgegen. Ein paar Sekunden war es sehr ruhig, wir alle drei hielten den Atem an. Dann brüllte Romans Freundin – so deutete ich die Situation zumindest – im selben Moment los, in dem Roman zu einer fieberhaften und lächerlichen Entschuldigungssalve ansetzte.

»Du Schwein!« – »Aber Bianka, es ist nicht so, wie es aussieht« – »Ihr Schweine!« »Ich kenn die da gar nicht!« – »Wer ist die Schlampe?« »Ich weiß nicht, wer die da ist!«

Was für eine Trashveranstaltung! So ging es hin und her und ich mittendrin. Bis hierhin war der Abend doch schon wirklich unangenehm genug gewesen, reichte das nicht? Musste das hier jetzt wirklich auch noch passieren? Ganz vorsichtig griff ich nach meinen verstreuten Klamotten und begann mich anzuziehen. Den Blick hatte ich auf den Boden geheftet, wenn ich die beiden nicht ansah, sahen sie mich vielleicht auch nicht mehr. Ich könnte leise rausschleichen ... endlich raus hier. Doch so einfach war es nicht, der Überraschungsgast sprang mir in den Weg und fing an, wüste Beschimpfungen und Verwünschungen auszustoßen. Ihre Stimme überschlug sich vor Hass, wahrscheinlich würde sie mir gleich an den Hals springen.

»Es tut mir leid, das wollte ich nicht«, sagte ich aufrichtig und dann, ebenfalls ehrliche Worte: »Ich bin ich froh, dass du gekommen bist! Ich will nur noch hier raus!« Bianka stutzte einen Moment, den ich nutzte, um mich an ihr vorbei aus der Tür zu schieben und grußlos zu verschwinden.

Die 4. Todsünde des Sex: Berechnung

Ja, Herrschaftszeiten!

Luise (33), Abteilungsleiterin, München
über
Manolo (35), Unternehmer, München

Eigentlich wollte ich nicht mitkommen, als mich meine Freundinnen Kathrin und Johanna fragten, ob ich am Freitag nach Dienstschluss auf ein Bier in eine Kneipe in der Nähe unserer Firma mitkommen wolle, anschließend könnten wir dann etwas essen gehen und dann ... na ja, man werde sehen, was anliegt. Die beiden wollten mich aufheitern, mich auf andere Gedanken bringen, und das hatte ich tatsächlich nötig.

Ich hatte eine quälende, langwierige Trennung von meinem Freund hinter mir. Zwei Jahre lang hatten wir zusammengelebt und wollten beide nicht akzeptieren, dass uns unsere Liebe einfach abhanden gekommen war. Mal pathetisch, mal verzweifelt hatten wir immer wieder versucht, unser Verhältnis zu retten, mit neuen Hoffnungen, schmerzlichen Rückschlägen, Wut, Enttäuschungen, gegenseitigen Verletzungen und Demütigungen. Das alles lag nun mehr als ein halbes Jahr zurück, und ich hatte mich in dieser Zeit wie besinnungslos in meine Arbeit gestürzt. Wie meine beiden Freundinnen arbeitete ich in einer Münchener Softwarefirma, und es war mir in diesem halben Jahr sogar gelungen, zur Leiterin meiner Abteilung aufzusteigen, was im Übrigen auch mit einer kleinen Gehaltserhöhung verbunden war. Aber mein Privatleben bestand seither allenfalls aus ein paar Kinobesuchen, allein oder mit einer Freundin. Die meisten meiner Münchener Freunde waren aus dem Bekanntenkreis meines Exfreundes und seit unserer Trennung sah ich sie kaum noch.

Also sagte ich zu, und wir drei hübschten uns am Freitag nach Dienstschluss, so gut es ging, vor dem einzigen Spiegel in der zu kleinen Personaltoilette unserer Firma auf. Ich hatte mir gerade bei meinem Friseur neue Strähnchen machen lassen und war nun mit dem Ergebnis ganz zufrieden, jedenfalls mit meinem Gesicht und meinem Haar – meinen, wie ich finde, zu dicken Hintern und meine leider etwas stämmigen Beine konnte ich in dem kleinen Spiegel zum Glück nicht sehen. Eigentlich finde ich mich nicht sonderlich attraktiv, aber es ist immer schwer, seine eigene Attraktivität einzuschätzen; höchstens kann frau sie aus den Reaktionen ihrer (männlichen) Umwelt ablesen. Naja, auf einer Skala von eins bis zehn, wobei zehn die höchste erreichbare Punktzahl ist, würde ich mich etwa bei fünf ansiedeln – vielleicht auch bei sechs? Warum ich darauf besonders eingehe, werdet Ihr verstehen, wenn Ihr meine folgende Geschichte gelesen habt.

Seit gut drei Jahren wohnte und arbeitete ich nun schon in München, und abgesehen von meinem verkorksten Liebesleben fühlte ich mich dort wohl, ich mochte das Flair und die Lebensart dieser Stadt. Es war mir sogar gelungen, ein zwar winziges, aber ganz hübsches Appartement im Zentrum der Stadt, nahe dem Viktualienmarkt zu ergattern, das ich mir finanziell gerade noch leisten konnte.

Ziemlich aufgekratzt saßen wir drei also bald auf einer Bank an einem langen Tisch in einer lärmigen, typischen Münchener Bierschwemme, um eine Kleinigkeit zu essen und hatten jede einen Maßkrug vor uns stehen. Da ich aus einer kleinen Stadt in der Nähe von Hannover stamme, werde ich wohl immer Probleme mit dem bayerischen Idiom haben und außerdem nie verstehen, wie man einen ganzen Liter – oder auch mehrere – in sich hineinschütten kann, aber ich bemühte mich mitzuhalten.

Ich weiß nicht mehr, worüber wir sprachen, aber wir waren derart in unser Gespräch vertieft, dass wir nicht bemerkten, wie sich drei Männer, alle etwa um die dreißig, unserem Tisch näherten. Ob sie sich dazusetzen dürften, fragten sie. Höflich, denn es ist in diesen Lokalen selbstverständlich, dass man sich an jeden Tisch setzt, solange noch Platz ist.

»Aber klar doch!«, sagten wir fast unisono, denn die drei machten, jedenfalls auf den ersten Blick, einen sympathischen Eindruck, und schließlich war es nicht unser Ziel, den Abend allein unter uns zu verbringen.

Während zwei der Jungs ganz nett aussahen, war der Dritte geradezu auffallend ansehnlich. Ein Bild von einem Mann!, schoss es mir durch den Kopf, obwohl dies sonst absolut nicht meiner Ausdrucksweise entspricht. Er war mittelgroß, breitschultrig und hatte ein schmales, schön geschnittenes Gesicht. Sein schwarzes Haar, das er zu einem Pferdeschwanz nach hinten gebunden hatte, und sein olivfarbener Teint verliehen ihm einen mediterranen, leicht indianischen Ausdruck. Wären da nicht seine ein wenig vorstehenden, nicht allzu geistvoll wirkenden Augen gewesen, würde ich sagen, dass ich kaum jemals mit einem so schönen Mann auch nur gesprochen hatte.

Und ausgerechnet dieser Gutaussehende setzte sich neben mich. »I bin dr Manolo«, sagte er und rückte ziemlich nahe an mich heran, näher jedenfalls, als es die Platzverhältnisse auf der Bank nötig gemacht hätten. Im Lauf des Abends erfuhr ich von einem seiner Freunde, dass Manolo eigentlich Manfred heiße, aber das tat seiner Schönheit keinen Abbruch. Ich fühlte mich durch sein offensichtliches Interesse geschmeichelt.

Manolo alias Manfred verwickelte mich sofort in ein Gespräch, das heißt, genau genommen redete nur er in seinem Münchner Dialekt auf mich ein, und obwohl ich bei weitem nicht alles verstand, brachte er mich immer wieder zum Lachen. Die kleinen Geschichten aus seinem Leben, die er nur so hervorsprudelte, waren zwar vordergründig selbstironisch, doch letztlich kam er dabei immer wieder gut weg, und ich hatte das Gefühl, dass er das alles nicht zum ersten Mal erzählte. Es wirkte zwar ein wenig routiniert, aber seine Erzählungen erhielten durch den Dialekt einen eigenen Charme und Witz. Ich muss gestehen, dass ich stolz darauf war, dass Manolo, der Schöne, sich derart um mich bemühte, obwohl ich meine beiden Kolleginnen auf meiner zehnstufigen Attraktivitätsskala durchaus auf sieben bis acht einordne – mindestens!

Auch als wir danach zu sechst noch durch mehrere Kneipen und Bars zogen, wich Manolo kaum von meiner Seite. Wir tanzten ein oder zweimal miteinander – eng, aber ohne dass er besonders aufdringlich gewesen wäre; er erinnerte mich an einen großen, schönen, zufriedenen Kater, dem es gefällt gestreichelt zu werden.

»I bring di jetzt hoam«, meinte der Gutaussehende gegen ein Uhr; es war eindeutig keine Frage, eher eine nüchterne Feststellung. »Wannst a bissl Spoaß mogst«, fügte er hinzu und lächelte vieldeutig. Das war sehr direkt, und ich fand mich sehr mutig, als ich zurücklächelte und den Arm ergriff, den er mir hinhielt. Sexy und mondän, schoss es mir durch den Kopf. Auch den Abgang mit ihm vor den staunenden und bewundernden Blicken meiner Kolleginnen wollte ich mir nicht entgehen lassen. Also verabschiedeten wir uns, und ich bin mir sicher, im Hinausgehen ein deutliches »Wow!« in meinem Rücken vernommen zu haben.

Bis zu meiner Wohnung war es, auch zu Fuß, nicht weit, und als ich die Haustür aufschloss, schien es für den Gutaussehenden selbstverständlich zu sein, dass er noch mit zu mir hinaufkam. Nun bin ich alles andere als eine Draufgängerin, und noch nie hatte ich mit einem Mann, den ich gerade erst kennengelernt hatte, Sex gehabt – und darauf würde es im Zweifel wohl hinauslaufen, so viel war mir klar. Andererseits war ich in einer heiteren, leichtsinnigen Verfassung und wollte meinen Fang nicht gleich wieder aufgeben. Außerdem war ich natürlich neugierig, wie es mit meinem schönen Begleiter weitergehen würde.

Noch leicht atemlos von den fünf Treppen standen wir uns in meiner winzigen Wohnung gegenüber.

»Möchtest du etwas trinken?«, fragte ich, um meine Verlegenheit zu überbrücken. Er wollte. Im Kühlschrank stand zwar nur noch eine angebrochene Flasche Weißwein, aber er schien damit zufrieden. Auf dem Bett als der einzigen bequemen Sitzgelegenheit tranken wir den schon leicht schalen Wein, als er den Arm um mich legte, mich an sich zog und so etwas Ähnliches wie »I moag di« murmelte. Mein Herz begann zu pochen. Tatsächlich? Ob er mich wirklich mochte?

Jedenfalls ging plötzlich alles ziemlich schnell. Auf dem Bett zogen wir uns gegenseitig aus, und während ich sein Hemd aufknöpfte und den Gürtel seiner Hose löste, fühlte ich schon die Festigkeit seiner Muskeln. Sein Körper, der gleich darauf nackt vor mir stand, schimmerte im Licht meiner Nachttischlampe sonnenbankgebräunt und sportstudiogestählt. Jeder Muskel schien wie herausgemeißelt, ohne überladen oder klobig zu wirken, eher Michelangelos David als Arnold Schwarzenegger! Ich war überwältigt und fühlte mich selbst sofort ein wenig blass und unattraktiv. Immerhin bemerkte ich zu meiner Beruhigung, dass er von irgendwoher ein Kondom hervorgezaubert und sich übergezogen hatte.

Sanft drückte er mich aufs Bett, ruhig und ohne Hast drang er in mich ein, rücksichtsvoll, ohne Gestöhne und ohne Obszönitäten. Er murmelte mir in seinem weichen Dialekt Worte ins Ohr, die ich kaum verstand, die aber freundlich und zärtlich klangen. Ich war hingerissen und genoss den Sex mit ihm, wenn mir auch plötzlich die angenehm professionellen Masseure jenes luxuriösen Wellnesshotels, in dem ich mir nach der Trennung von meinem früheren Freund ein teures Wochenende gegönnt hatte, in den Sinn kamen. Vielleicht wären etwas mehr Leidenschaft und Begierde nicht schlecht gewesen!

»Moagst di amol umdreha?«

Ich verstand. Während ich mich auf Knie und Ellenbogen abstützte, kniete er sich hinter mich, und wieder durchdrang mich dieses berauschende Gefühl bis in die Spitzen meiner Finger, meiner Zehen, meiner Brüste. Meine Lust steigerte sich, mein Atem ging schneller.

Als mein Orgasmus abebbte, merkte ich, dass auch Manolo aufgehört hatte, sich zu bewegen. Dabei war er doch noch gar nicht so weit. Er zog sich zurück, tätschelte meinen Rücken und fragte tatsächlich: »So, moagst vielleicht noch a Massage?«

Er begann meinen Nacken zu kneten. Verschwitzt richtete ich mich auf, ich wollte nicht nachdenken, nicht reden, sondern ihn einfach fest in die Arme schließen. Doch er entzog sich meinem Kuss, entwand sich mir.

»Leider muss i a boald los ...«

Irritiert beobachtete ich, wie Manolo seine Kleider nahm, die er zuvor ordentlich zusammengefaltet auf den Nachttisch gelegt hatte, und seinen schönen Körper Stück für Stück wieder verhüllte. Nun kletterte auch ich aus dem Bett und zog meinen Morgenmantel über.

»Möchtest du nicht noch einen Kaffee mit mir trinken, oder so?«, fragte ich. Er sollte nicht einfach so gehen, mich so plötzlich wieder allein lassen.

»Naa, koa Zeit nit«, wehrte er ab. »Aber i loaß dir mei Karten hier, kannst di jo meldn, wannst mi wiadrsehen moagst!« Er legte eine mintgrüne Visitenkarte auf meinen Tisch. Fertig angezogen stand er jetzt vor mir.

»Komm no a mol her.« Er trat auf mich zu und zog mich an sich. Ich schloss glücklich die Arme um ihn, da flüsterte er etwas in mein Ohr. Es klang wie »dreihundert«.

Ich verstand nicht. War das seine Sexskala? War ich eine Dreihundert? Ein freudiger Schauer durchfuhr mich.

»Wie bitte?«, fragte ich dennoch nach.

»Des mocht dreihundert«, flüsterte er mir zärtlich ins Ohr. »Also zwoahundertfunfzig, plus die Massage.«

Die Augen über seinem Lächeln blickten geschäftsmäßig. Jetzt verstand ich! Mir schoss das Blut in den Kopf. Hektisch lief ich los, um mein Scheckheft zu holen, so viel Bargeld hatte ich natürlich nicht in meiner Wohnung. Mit zitternder Hand füllte ich den Scheck aus und versuchte, die Übelkeit, die in mir aufstieg, zu unterdrücken. Sobald Manolo den Scheck eingesteckt und die Tür hinter sich zugezogen hatte, rannte ich ins Badezimmer.

Am nächsten Morgen traute ich mich kaum ins Büro. Hatten meine Kolleginnen etwa von Manolos Nebenerwerb gewusst? Wussten sie Bescheid? Und ich Kleinstadthuhn war darauf reingefallen! Voller Bitterkeit dachte ich daran, wie stolz ich am Abend zuvor gewesen war. Vielleicht wussten sie es tatsächlich, denn sie haben mich niemals nach Manolo gefragt.

Die 5. Todsünde des Sex: Wehleidigkeit

HEUL NICHT

Camilla (26), Rezeptionistin
über
Antonio (27), Student der Politikwissenschaften

Alles wird gut, beruhigte ich mich, während ich das Auto durch die nächtlich leeren Straßen lenkte. Warum bin ich überhaupt so nervös? Was soll denn schon schiefgehen? Ich kann jederzeit wieder nach Hause fahren. Ich fahre sehr selten Auto, immerhin hatte ich eben die Handbremse gelöst, so war ich nur die halbe Strecke mit angezogener Handbremse gefahren.

Und im Vergleich zu unserer ersten Begegnung im Spätkauf sah ich heute einfach umwerfend aus. Bei diesem ersten Zufallstreffen hatte ich den ganzen Tag geschlafen, und das sah man – das Sofakissen hatte wilde Muster in mein Gesicht gefräst, meine Haare standen ab, als hätte mich ein Blitz getroffen, und der Leopardenmantel, den ich übergeworfen hatte, passte auch nicht wirklich zu meiner karierten Schlafanzughose. Und schon da hatte Antonio mich angelacht, mir die Kühltruhentüre aufgehalten, und mir dann draußen vorm Laden, wo ich vor Schreck über seine Bekanntschaft meine Einkäufe fallen gelassen hatte, geholfen, die über den Bürgersteig kullernden Brötchen und Zitronen wieder einzusammeln.

Er hat die ganze Zeit gegrinst, bestimmt über meinen unmöglichen Aufzug, dabei kannten wir uns doch gar nicht. Ich wollte mich nur in Luft auflösen, schnellstmöglich wieder nach oben verschwinden – peinlich! Eine Frechheit, einfach in meinem Spätkauf aufzutauchen, wo um diese Zeit doch außer mir höchstens ein paar Berber vom Platz verkehren.

»Wollen wir einen Kaffee trinken gehen?«, hatte er mich auf der Straße gefragt. Und da musste auch ich grinsen.

»Auf keinen Fall! Mann, ich hab noch meinen Schlafanzug an!« Erklärend fügte ich hinzu. »Ich wohne direkt hier im Haus. Ich muss jetzt wieder hoch.«

Dann hat Antonio nach meiner Nummer gefragt. Ich gab sie ihm und verabschiedete mich dann schnell. Oben in meiner Wohnung war ich plötzlich aufgedreht und ein bisschen hysterisch. Er gefiel mir. Ausgesprochen gut sogar.

Zwei Tage später saß ich also im Auto, unterwegs zu seinem Studentenwohnheim, wo heute Abend eine Party stattfinden sollte. Ich war bislang noch nie in einem Studentenheim und ich stellte es mir gruslig vor.

Ich parkte den geliehenen Wagen, ohne größere Schäden anzurichten, vor dem Haus, dessen bleicher erbsfarbener Anstrich nicht unbedingt dazu angetan war, die Tristesse des Fünfziger-Jahre-Baus zu kaschieren. Doch innewohnende Fröhlichkeit drang durch geöffnete Fenster ungehemmt nach draußen, Musik und laute Stimmen. Die Haustür stand offen, ein paar Studenten saßen auf den Stufen vorm Haus und kifften. Die Flure waren voller Menschen, auch hier laute Musik, das ganze Haus schien zu einer riesigen Tanzfläche umfunktioniert zu sein. Ich beschloss, meine schlechte Meinung über Studentenwohnheime zu revidieren.

Antonio entdeckte ich am Ende des Flurs, er stand auf einem Tisch und hielt nach etwas Ausschau. Nach mir? Wir begrüßten einander stürmisch, er schien sich ebenso über mich zu freuen wie ich mich über ihn.

»Lass uns was trinken«, schlug er vor und zog mich an der Hand in einen großen schummrigen Raum, in dem zwei Bars aufgebaut waren. Hinter der einen stand ein großes schwarzhaariges Mädchen, mit einem Gesicht, für das ein Durchschnittsmensch mindestens zehn Schönheitsoperationen über sich ergehen lassen müsste. Hinter der anderen ein verlebter Ziegenbart mit braunzahnigem Grinsen. Energisch zog ich Antonio in seine Richtung. Wir bestellten Spaceshuttles, eine silbrigblaue Absinth-Mischung im Plastikbecher, deren halluzinogene Wirkung auf einem Pappschild beworben wurde. Antonio stellte mir ein paar seiner Freunde vor, meine Hand ließ er nicht mehr los. Er stand dicht hinter mir im Gedränge der Leute und unterhielt sich mit einem Freund über Motorroller, während ich einem fremden Mädchen zuhörte.

Bald spürte ich seine Hände an meinen Hüften. Seine Fingerspitzen strichen sanft über dem Stoff meines T-Shirts meinen Rücken entlang, seitlich über meinen Bauch, ganz nebenbei, als ob nichts wäre. Wir tranken und unterhielten uns, während seine Hände heimlich meinen Körper erkundeten, mir Schauer über den Rücken liefen und ich Gänsehaut hatte. Unbedingt wollte ich ihn küssen, doch es war umso schöner, diesen Kuss möglichst lange hinauszuzögern. Irgendwann hielt ich es nicht mehr aus, drehte mich zu ihm um und fuhr mit meinen Lippen sanft seinen Hals entlang, doch er wendete sich ab.

»Meine Exfreundin ist da, die soll das nicht unbedingt sehen ...« Er blickte Richtung Bar.

»Die da?«, fragte ich entsetzt.

»Ja. Warum?«, fragte Antonio zurück.

»Ach, nur so.« Als hätte ich's geahnt. Die Nachricht, dass ausgerechnet dieses Fabelwesen Antonios Exfreundin war und ihm offenbar noch ständig auf dem Campus über den Weg lief, erfreute mich nicht unbedingt. Eifersucht wuchs stachelig in meinem Bauch und ich ärgerte mich über mich selbst. Ich kannte diesen Antonio doch eigentlich gar nicht.

»Sie ist ne dumme Nuss«, sagte er und lächelte. Und obwohl ich es normalerweise eher erstaunlich, oft sogar abstoßend finde, wenn Leute schlecht über ihre ehemaligen Partner sprechen, fühlte ich mich gleich ein wenig besser.

»Komm, ich zeig dir mein Zimmer«, sagte er, drehte sich um und lief davon. Ich rief meinen neuen Bekannten ein schnelles

Tschüss zu und folgte. Nachdem wir zehn Minuten gebraucht hatten, um uns nach draußen, durch den Flur und über die Treppe zu drängeln, standen wir vor seiner Zimmertür. Ich besuchte noch schnell die partyverseuchten Toiletten, die sich im Gang befanden. Nachdem ich aus Versehen die schmierige Toilettenwand berührt hatte, die der eines heruntergerockten Großstadtclubs bei Schichtende in nichts nachstand, hätte ich am liebsten sofort geduscht, aber das ging ja nicht. Also verließ ich schnellstmöglich die Räumlichkeiten.

In Antonios winzigem Zimmer brannten Kerzen und es lief Musik, die den von draußen hereindringenden Lärm jedoch unmöglich übertönen konnte. Die Geräuschkulisse hatte etwas Surreales, als befänden wir uns in einer Blase mitten unter Menschen. Antonio schloss die Tür hinter mir ab, dann nahm er mich in die Arme und küsste mich. Auf dem Nachttisch standen Flaschen, er hatte mir einen Wodka-O gemischt, nach dem ich dankbar griff. Mir war bereits etwas schwindelig, doch mein Mund war sehr trocken und ich hatte Durst. Vielleicht war das die halluzinogene Wirkung der Spaces?

Mir war's egal, wir waren endlich allein und fielen ausgehungert übereinander her. Es ging ziemlich schnell, drei Minuten später waren unsere Kleidungsstücke über das ganze Zimmer verteilt, Antonio lehnte an der Wand, ich war über ihm und ließ langsam seinen Schwanz in mich gleiten. Er stöhnte. Als er ganz in mir war, hielt ich einen Moment inne und sah ihm tief in die Augen. Dann begann ich mich schnell zu bewegen. Berauscht von Alkohol und Verliebtheit schloss ich die Augen. Antonio stöhnte unter mir, doch nach wenigen Minuten fasste er mich am Arm.

»Warte mal, dreh dich mal lieber anders.« Na gut, ich glitt von ihm runter und legte mich auf den Rücken, umschloss ihn mit meinen Armen. Er drang in mich ein, bewegte sich heftig, wurde dann aber schnell wieder ganz langsam. Sehr behutsam bewegte er sich. Als ich die Augen öffnete, sah ich, dass sein Gesicht verzerrt war. Aber es sah nicht nach hemmungsloser Leidenschaft aus, sondern eher als würde ihm etwas wehtun.

»Alles okay?«, fragte ich. Sofort stoppte er und sah dabei erleichtert aus.

»Ich weiß nicht …«, fing er an. »Keine Ahnung, irgendwas stimmt nicht. Irgendwas tut mir weh.« In diesem Moment fiel mir siedendheiß etwas ein. Schlagartig war ich stocknüchtern, sprang auf, zerrte mir T-Shirt und Rock über und rannte zur Tür.

»Komme gleich wieder«, rief ich beim Aufschließen.

Als ich mich durch die Leute gedrängt, in der Schlange peinigende fünf Minuten gewartet hatte und endlich in der wohl unappetitlichsten Klokabine der Stadt stand, stellte ich mich breitbeinig hin und schob meine Finger so tief ich konnte in mich hinein. Und da! Tatsächlich, viel zu weit oben fühlte ich etwas, das sich wie das Bändchen eines Tampons anfühlte. Oh nein! Wie hatte mir das nur passieren können? So etwas wurde vielleicht bei Dr. Sommer besprochen, aber es passierte doch nicht mir! Er war ziemlich weit nach oben gedrückt worden, aber wohl nicht so weit, dass Antonio ihn nicht mehr hatte spüren können. Offenbar hatte er sich daran gerieben, wie unangenehm auch für mich.

Ich versuchte, die Schnur zu fassen zu kriegen, doch es gelang mir nicht. Dabei verlor ich das Gleichgewicht, ruderte wild mit den Armen und schlug erst gegen die Tür, dann gegen die Kabinenwand. Fluchend richtete ich mich wieder auf. Doch kriegte ich das Bändchen noch immer nicht zu fassen, also ging ich in die Hocke. Da vernahm ich von draußen laute Stimmen, die die Musik übertönten.

»Da drin hat jemand Sex!« Ein aufgeregtes Zischen. »Das muss ja wohl nicht sein!«

»Nein, nein«, kam die nicht minder schockierte Antwort. »Ich habe nur ein Paar Füße gesehen!« Sofort sprang ich wieder auf. Durch die schnelle Bewegung wurde mir einen Moment schwarz vor Augen und ich musste mich wieder an die schleimige Wand lehnen. Ich musste dieses Ding jetzt sofort aus mir rausbekommen und hier verschwinden.

»Da masturbiert jemand!«, rief jetzt ein Dritter aufgebracht. Oh nein! Wütendes Geraune vor der Kabine. In diesem Moment erwischte ich das dumme Bändchen und mit einem schmerzhaften Ruck gelang es mir, den derangierten Tampon aus mir rauszubefördern. Erschöpft und erleichtert sank ich wieder gegen die Wand, und atmete tief durch. Da sich mir keinerlei Fluchtmöglichkeiten boten, öffnete ich die Tür. Schlagartig verstummte das Gemurmel und wich gespannter Stille.

»Hallo!«, sagte ich aufgeräumt, hob die Hand zum Gruß und schob mich durch die Gaffer.

Als ich in Antonios Zimmer trat, saß er noch immer nackt auf dem Bett und begutachtete mit besorgter Miene seinen Penis.

»Ich bin verwundet!«, begrüßte er mich, ohne den Blick zu heben. »Die Haut ist ab! Ich habe eine richtige Schürfwunde!« Es klang, als würde er gleich losheulen. Am liebsten wäre ich sofort wieder rausgegangen.

»Ja, das kann sein«, setzte ich zu einer Erklärung an. Dann erläuterte ich ihm, woran er sich gerieben hatte. »Ich hab es einfach vergessen.«

Er starrte mich kurz an. Dann senkte er den Blick zurück.

»Das Ding ist jetzt aber wieder draußen«, fügte ich mit einem anzüglichen Lächeln hinzu. Doch Antonio sah nicht so aus, als könnte ich ihn so schnell für ein neues Liebesspiel begeistern.

»Das kann doch nicht dein Ernst sein«, murmelte er, den Blick noch immer nach unten gerichtet. »So etwas kann man doch nicht vergessen.«

»Na ja, so schlimm ist das jetzt auch nicht«, seufzte ich. Ungläubig blickte Antonio mich an.

»Nicht schlimm?« Seine Stimme zitterte. Ich trat einen Schritt auf ihn zu und legte ihm beruhigend die Hand auf die Schulter. Er rührte sich nicht. Seine Pupillen waren tellergroß, als er den Kopf hob und mich mit anklagender Leidensmiene ansah.

»Es wird sich eine Kruste bilden!«

»Ja«, stimmte ich zu. »Das kann passieren.«

»Eine Kruste ...«, wiederholte er noch mal. Ja ja. Langsam reichte es mir. Heul nicht, wäre mir fast rausgerutscht. Ich weiß, Männer sind Heulsusen, vor allem, wenn es um ihr bestes Stück geht, aber konnte er sich vielleicht dennoch mal zusammenreißen? Unschlüssig stand ich in der Tür.

»Soll ich gehen?«, fragte ich dann. Als er noch immer nicht antwortete, stattdessen weiterhin stumm seinen Schwanz betupfte, griff ich nach meinen restlichen Sachen und verließ das Zimmer. Auf dem Flur sah ich die Schöne, die mit ein paar anderen in der Ecke stand und tuschelnd zu mir herübersah.

»Er braucht Wundsalbe«, rief ich, als ich an ihnen vorbeiging und nickte in Richtung von Antonios Zimmer. Sollte sie ihn doch trösten, den Jammerlappen.

Die 6. Todsünde des Sex: Ungeschick

EIN HOFFNUNGSLOSER FALL

Anna (21), Auszubildende, Mainz
über
Matteo (23), Zivildienstleistender, Mainz

Sex mit Matteo ist immer schlecht. Keine Ahnung, warum ich mich mal wieder dazu habe hinreißen lassen. Vielleicht weil er ganz hübsch ist? Also dann bin ich echt selbst schuld, das bringt mir gerade nämlich gar nichts. Matteo sieht spanisch aus, aber eher feminin, nicht machoid, eine ganz gelungene Kombination. Vielleicht hab ich ihn wieder mitgenommen, weil ich früher verliebt in ihn war. So was geht nie ganz vorbei.

Wie ein Idiot bin ich ihm damals hinterhergerannt! Doch als ich ihn irgendwann überzeugt hatte, hat es keinen Spaß mehr gemacht. Er hat eher mir zuliebe Zeit mit mir verbracht, großartig verliebt war er jedenfalls nicht in mich. Und ich bald auch nicht mehr in ihn, denn irgendwie kam bei ihm nicht viel rum, das musste ich bald einsehen.

Man kann nicht wirklich behaupten, dass er die schlausten Beiträge liefert oder mich sonst irgendwie vom Hocker reißt. Aber mittlerweile kennen wir uns schon eine ganze Weile und sind Freunde geworden. Manchmal nehm ich ihn eben auch mit nach Hause, wenn wir aus waren und ich sonst niemanden kennengelernt habe. Matteo sagt nie Nein. Darin erschöpfen sich seine Vorzüge leider bereits. Das wird mir jetzt wieder deutlich bewusst, während ich so unter ihm liege und er auf mir herumschubbert.

Matteo brabbelt irgendwas auf Spanisch, die Augen hat er geschlossen. Was redet er denn da? Ich wollte schon immer mal

Spanisch lernen, aber nicht jetzt, nicht hier, also was redet er da bloß? Er macht mich ganz nervös.

»Pssst!«, zische ich, und als er nicht reagiert, noch einmal, lauter: »Pssssst!« Erschreckt blinzelt er mich an, offenbar war er ganz weggetreten, und murmelt eine kurze Entschuldigung. Jetzt hält er den Mund. Gut. Ich versuche mich wieder zu konzentrieren. Schließlich haben wir gerade Sex, das bringt gar nichts, wenn ich mich nicht konzentrieren kann und nur überlege, was er da gerade brabbelt. Damit hat er mich ganz schön rausgebracht! Na gut, wenn ich ehrlich bin, war ich schon vorher nicht bei der Sache. Wenn das hier noch was werden soll, schließe ich jetzt am besten die Augen und konzentriere mich. Und denke an Vin Diesel. Leider hat es heute wieder nur für Matteo gereicht, haha, aber die Gedanken sind ja zum Glück frei!

Schön meine Standardvorstellung, jetzt besser nichts Kompliziertes. Also ... Vin und ich sind auf der Flucht, meine Kleider sind schmutzig, wir verstecken uns in einer kleinen Hütte ... Ach, wie gut, dass ich so ein simples Gemüt bin, so klappt das immer! Vin greift nach mir mit seinen großen Händen. Seine Finger sind ganz schwielig und rau vom Kämpfen und Schießen, schließlich musste er mich verteidigen, dabei aber trocken und warm, nicht so feuchtwarm wie Matteos. Mit diesen riesigen Händen zerreißt er mein Kleid, nackt stehe ich vor ihm, meine rosa Brustwarzen wachsen ihm comicartig entgegen, er packt meine Hüften ...

Na endlich, geht doch! Ich stöhne leise auf und beginne, meine Hüften zu bewegen, langsam, doch Matteo über mir schnallt es offensichtlich nicht, er wird nicht langsamer. Er bewegt sich viel zu schnell. Also krampfe ich meine Finger in seinen Hintern und versuche ihn festzuhalten. Erfreut saugt er Luft durch die Zähne. Das geht nach hinten los, ich merk es schon. Matteo wird noch schneller, rammelt derart wild auf mir rum, dass seine Eier in Höchstgeschwindigkeit gegen mich schlagen. Es fühlt sich ein bisschen widerlich an und ich bin froh, dass ich seine Eier jetzt nicht sehe. Matteo schwitzt, verzieht das Gesicht. Ich stell mir vor, was er jetzt wohl denkt. »Ich bin der Schnellste, keiner ist so schnell wie ich, ich bin schneller als die anderen, wow, wie schnell ich bin …« Nicht viel, vermutlich. Das lässt sich beliebig so fortführen, aber bitte ohne mich. Ich greife Matteos Oberarm und rüttle unsanft daran.

»Hey, mach mal langsam!« Meine Stimme klingt giftig, das will ich nicht, aber ich kann nicht anders. Schon wieder hab ich ihn erschreckt! »Oh! Oh, entschuldige!« Offenbar denkt er, er hätte mir wehgetan, weil er so schnell war. Er denkt, es war zu intensiv, haha. Ich lasse ihn mal in dem Irrglauben. Ganz langsam und übervorsichtig bewegt er sich jetzt. Also nee. Ein bisschen schlaff wird er auch gerade. Nee, wirklich!

»Lass uns mal umdrehen!«, schlage ich vor. Folgsam lässt er sich von mir auf den Rücken bugsieren. Ich setze mich auf ihn und beginne mich langsam zu bewegen. Dabei fass ich mich selbst an. Das ist nicht das Wahre, es ist viel besser, wenn man angefasst wird, aber ich muss es selbst tun, sonst wird das wieder nichts. Es ist zwar auch mal o.k., sich selbst anzufassen, aber doch eher die Sparversion. Man kann sich eben nicht einfach fallen lassen, sich hingeben, abhängig sein, geschehen lassen. Doch Matteo ist da ein hoffnungsloser Fall, ich hab es oft genug probiert. Ständig rutscht er an die falsche Stelle, oder vergisst, dass er da einen Job zu machen hat. Er kann sich nicht gleichzeitig aufs Ficken und aufs Anfassen konzentrieren. Schade, aber ist halt so. Und selbst wenn er sich konzentriert, gerät er immer wieder aus dem Rhythmus und ich dann auch. Aggressiv kann ich dabei werden! Also, nein danke, mach ich's lieber selbst!

Jetzt schubber ich also an mir rum. Ich kenn das ja, entweder ist er auf mir und ich stell mir was vor, oder er ist unter mir und ich fass mich an, viel vorstellen geht dann nicht. Hab ich eigentlich die DVD zurückgebracht, die ich gestern geliehen hab? Ein Horrorfilm. Könnten wir ja gleich noch gucken, allein war mir der zu gruselig … So, es klappt, tatsächlich, ich merke, dass ich komme.

»Ich komme gleich!«, sag ich zu Matteo. Jungs haben es da wirklich leichter. Ich brauch das nur zu sagen und schwupps, wacht er auf, und kommt dann auch, jederzeit. Da könnte ich echt neidisch werden. Wir kommen beide, immerhin, hat ja doch noch geklappt. Nicht denkwürdig oder gewaltig, aber immerhin. Wie das Kommen bei Matteo ist, kann ich nicht sagen. Wer weiß, ob es da überhaupt große Abstufungen gibt? Ich werde ihn bald mal fragen.

Ich finde die DVD, zum Glück hab ich den Film noch nicht zurückgebracht. Wir kuscheln uns aneinander. Ich bin froh, dass wir Freunde sind.

Die 7. Todsünde des Sex: Lieblosigkeit

Der Blob

Jana (17), Schülerin, Dortmund
über
Jonathan (17), Schüler, New York

Eigentlich wollte ich gar nicht nach Amerika. Dieser Entschluss war eher einer allgemeinen Übellaunigkeit geschuldet und um den im Nachhinein höchst pubertären Vorwurf an meine Eltern richten zu können, dass die anderen in meiner Klasse *alle* nach Amerika fahren und überhaupt *immer alles* dürfen. Diesmal hatte ich es mit meinem Genörgel, ohne es zu wissen, übertrieben. Ich lag nichts ahnend in meinem Zimmer vor dem Fernseher. Wenn ich schon nicht in dieses ominöse Amerika reisen konnte, wollte ich stattdessen gemütlich auf meinem Sofa liegen, Fernsehserien ansehen und Zigaretten rauchen. Es ging mir prima! Da kam meine Mutter herein, beäugte bekümmert die heruntergelassenen Jalousien, ignorierte tapfer den beißend kalten Rauch, in dessen nebligem Zentrum ich mich in Männershorts und Unterhemd auf dem Rücken fläzte, räumte sich ein Eckchen meines Sofas frei, räusperte sich und – ließ die Bombe platzen: Mein Vater und sie hatten mit dem Schuldirektor gesprochen – welch ein netter und hilfsbereiter Mann! – dieser habe ihnen den Kontakt zu einer Gastfamilie vermittelt, die schon des Öfteren Schüler aufgenommen habe und die auch mich die Sommerferien über bei sich gastieren lassen würde, im Gegenzug sollte ich kleinere Haushaltsdienste leisten. Mama lächelte erwartungsvoll.

»Aber ... aber ...«, rief ich mit sich vor Panik überschlagender Stimme, »ihr habt doch gar kein Geld für den Flug ...«

Meine Mutter lächelte stolz. »Doch, mein Kind, und wir haben schon alles festgemacht. Du hast ja auch wirklich recht, so ein Auslandsaufenthalt ist lehrreich und persönlichkeitsbildend. Neue Erfahrungen! Die Sprache! Das wird dir sehr guttun.«

»Äh, ja, bestimmt«, warf ich ein. »Aber ich würde dann doch lieber erst nächstes Jahr …«

»Aber nein, Jana. Nicht nächstes Jahr, wer weiß, was dann ist? Du wolltest doch so gern nach Amerika? Wir konnten sogar ein Last-Minute-Angebot nutzen, das haben wir auch gleich gebucht …«

Schon gebucht? Ich hörte nichts mehr, ihre Worte verschwammen in meinen Ohren zu einem hohen tinnitusartigen Pfeifen. War meine Mutter wirklich so naiv? Oder hatte sie mich etwa durchschaut und schlug mich nun mit meinen eigenen Waffen? Ich richtete mich ruckartig auf und wäre dabei fast vom Sofa gefallen. Amerika! Und die Sommerferien begannen doch schon in zwei Wochen!

Die Zeit bis zu meiner Abreise verlief geschäftig. Emsig und wohlgelaunt erledigten meine Eltern alle Vorbereitungen, kauften mir Gastgeschenke und neue Garderobe, eher praktisch als schön. So auch ein leberwurstfarbenes Trainingsensemble aus dem Schlussverkauf, das meine Mutter in die Höhe hielt und rief: »Schau, Jana, das wirst du sicherlich brauchen! Die Amerikaner sind doch so sportlich!«

Meine Knie wurden weich. Offenbar hatten meine Eltern mich genauestens durchschaut und genossen es nun, mich zu quälen. Mein Vater zwang mich, einen Brief an meine Gastfamilie zu verfassen. Ratlos saß ich vor dem weißen Blatt, rauchte und kaute an meinem Werbekuli.

»Erzähl ihnen doch einfach von deinen Hobbys, Jana«, schlug mein Vater beschwingt vor. Hobbys? Ich überlegte. Meinte er Trinken, Kiffen, Fernsehserien und Sex, wenn mir die Beschaffungskriminalität Zeit dazu ließ? Es war ja gar nicht so einfach, in meinem Alter Gras zu besorgen. Ich musste grinsen.

»Genau«, missverstand mein Vater mein Lächeln. »Lesen, Musik hören, Freunde treffen – was Kinder eben so machen, das ist doch nicht so schwierig!« Es gelang mir, ein paar Floskeln in diesem Sinne aufs Papier zu bringen, wir fügten noch ein Foto bei, das mein Vater – im Gegensatz zu mir hatte er Hobbys – mit einem kostenlosen Bildbearbeitungsprogramm verschönert hatte. Wo zur Hölle waren meine Piercings? Ich bezweifelte zwar, dass meine Gasteltern mich am Flughafen erkennen würden, so weißzahnig, porzellanhäutig und wohlfrisiert strahlten meine bearbeiteten Sternenaugen den Betrachter an, doch mein Vater war stolz auf sein Werk und ich sagte nichts. Fatalismus hatte von mir Besitz ergriffen, und ich verbrachte die Zeit bis zu meiner Abreise wie in Trance.

Amouröse Bindungen, die mir den Abschied noch erschwert hätten, gab es immerhin keine. Friedel alias »Spider« hatte vor mehr als drei Wochen mit mir Schluss gemacht, und meine SMS, »Fahre nach Amerika. Weiß nicht, ob ich jemals wiederkommen werde«, beantwortete er unmissverständlich mit einem aufgeräumten: »Viel Spaß!« Wenn das so war ... Überhaupt war die gängige Reaktion meiner Freunde auf meine Mitteilung, ich ginge in die Staaten, Stift und Zettel zu zücken und listenartig Mitbringselwünsche zu notieren. Ihre Herzlosigkeit ließ mich schaudern. Und dabei würde ich sechs Wochen weg sein. All das überstieg meine Vorstellungskräfte.

Als mein Flugzeug zwei Wochen später am JFK-Airport gelandet war, ich mein Gepäck in Empfang genommen und die Sicherheitskontrolle unbehelligt hinter mir gelassen hatte, schlich ich mit klopfendem Herzen in die Flughafenhalle. Und da war er – der Blob! Am liebsten wäre ich sofort wieder umgedrcht. Meine Gastfamilie – eine amorphe Masse erstaunlich vieler Familienmitglieder, sprang auf und ab, winkte und kreischte meinen Namen, als wäre ich Michael Jackson. Ungläubig blieb ich stehen. Wollten sie mich verarschen? Sie sahen so sehr aus, wie man sich Amis bei uns vorstellt, dass ich es erst mal gar nicht glauben konnte. Vorsichtig und voller Misstrauen setzte ich langsam einen Fuß vor den anderen, bis ich, nur noch eine Armeslänge entfernt, gepackt und in den Blob gezogen wurde. Man herzte, drückte und umarmte mich begeistert und stellte mir hunderte Fragen, auf die ich keine Antwort wusste. Meine zaghaft gehauchte Bitte, eine Zigarette rauchen zu dürfen, ging in dem fröhlichen Geplapper meiner Gastgeschwister unter, und ich wagte nicht, darauf zu beharren. Dann bestieg die Großfamilie einen riesenhaften Autobus und fort ging es aus der Großstadt, hinaus in die Gefilde der Vorstadt, während noch immer von allen Seiten fröhlich auf mich eingeplappert wurde.

Völlig entkräftet durch den ungewohnten Lärmpegel und das angestrengte Dauerlächeln, das mein Gesicht verzog, erreichte ich nach vierstündiger Fahrt mein neues Heim. Angesichts des mir zugedachten Zimmers, ein bonbonfarbener Beautysalon, den ich mir mit der zwölf- und der vierzehnjährigen Tochter des Hauses teilen sollte, ergab ich mich augenblicklich einem Heulkrampf. Ich hatte genau richtig gehandelt, denn nun zeigte mir die erschütterte Gastmutter eine kleine Kammer im Keller mit stockfleckigen Wänden, auf deren Boden eine Matratze lag. Sofort versiegten meine Tränen. Mein neues Heim war perfekt auf mich zugeschnitten, mit dieser Rückzugsmöglichkeit schöpfte ich neuen Mut. Ich verschloss die Tür von innen, legte mich aufs Bett, um ein paar Zigaretten zu rauchen und dann in einen tiefen traumlosen Schlaf der Erschöpfung zu fallen.

Die nächsten Tage vergingen mit Pflichten und dem Kennenlernen der amerikanischen Gepflogenheiten, ich war von morgens bis abends von so vielen rotbäckigen Kindern umringt, dass ich Tage brauchte, mir zu merken, welche meine Gastgeschwister waren und welche einfach aus der Nachbarschaft stammten. Wie paralysiert saß ich, wann immer ich konnte, vor dem zyklopischen Fernseher und zappte durch die fünfhundert Programme. An Samstagabenden hatte ich frei, auch sonntags, abgesehen von einem vormittäglichen Besuch in der Kirche, vor welchem ich für die angemessene Garderobe der Gastgeschwister zu sorgen hatte. Waren die kleinen Biester gekämmt, angekleidet und in den Bus verfrachtet, konnte ich nicht etwa wieder ins Bett fallen, nein, das ausländische Heidenkind musste mitkommen und wurde stolz präsentiert. Vorher hatte ich natürlich meine Piercings zu entfernen.

»They are so ... ugly«, strahlte meine Gast-Mom mich mit entwaffnender Ehrlichkeit an. Was sollte man dazu sagen? Ich hatte seit dem Grundschulgottesdienst keine Kirche mehr von innen gesehen, ich kann mich nicht einmal erinnern, zu Hause sonntagmorgens jemals wach gewesen zu sein, doch in Ermangelung von Alternativen ging ich brav mit.

Ausgerechnet beim Sonntagsgottesdienst habe ich Jon zum ersten Mal gesehen. Anders als die meisten anderen Vorstadtamis, die mir bisher begegnet waren, war er schmal und auffallend blass, mit wirren schwarzen Haaren. Seine spitzen Ellenbogen lugten unter einem riesenhaften XXL-Shirt hervor und im Eingangsbereich der Kirche wartete sein Skateboard auf ihn. Übellaunig zischte er seine Eltern an, offensichtlich war er kein begeisterter Kirchgänger. Als er nach einer halben Stunde einfach aufstand und nach draußen lief, folgte ich ihm nach fünf Minuten mit der Ausrede, frische Luft schnappen zu müssen. Jon skatete auf dem Kirchenhof. Ich hatte nichts zu verlieren, also setzte ich mich in seine Nähe und sah zu. Bald unterhielten wir uns, und da Jon immer hübscher wurde, je näher ich ihm kam, stieg meine Begeisterung für Land und Leute von Zehn auf Hundert. Jon lud mich zu einer Geburtstagsparty ein und die nächsten fünf Tage fieberte ich diesem Ereignis entgegen. Freiwillig verließ ich mein natürliches Habitat, das Bett, und mein Gastvater fuhr mich am Freitagabend mit dem Auto zur Party – in Deutschland undenkbar. Auch mein Nachhausekommen mit einem vertrauenswürdigen Teenager war genauestens abgesprochen, ich fühlte mich ein bisschen, als würde ich einen Kindergeburtstag besuchen. Es war auch tatsächlich wie die Teenagerpartys auf MTV, die Gäste trugen Polo-Shirts und es gab Barbecue und einen Swimmingpool. Gepflegte Teenager mit lustig bedruckten Schürzen standen dauerlächelnd hinter dem Grill und liefen immer wieder ins Haus, um chemiefarbene Süßspeisen nach draußen zu bringen. Es war beschämend!

Die Krönung bildete die Cheerleader-Schwester des Geburtstagskinds, die unermüdlich und debil grinsend quäkte: »Wer möchte Gummibärchen-Bowle?« Gummibärchen-Bowle? Ich konnte mir nichts Peinlicheres vorstellen! Das Wort »Teenager« hatte bei der amerikanischen Vorstadtjugend offensichtlich eine mir neue Dimension, das waren die armen Wichte, die ihre so genannten »Partys« mit Würstchen, Wackelpudding und Gummibärchen-Bowle feierten. Mitleidig lächelnd wanderte ich durch die Partygäste, suchte Jon und unterdrückte ein hämisches Gähnen. Das konnte ja heiter werden ... Wo war Jon überhaupt? Seit fünf Tagen freute ich mich auf ihn, und jetzt war er nirgends zu sehen. Erst eine halbe Stunde später stand er plötzlich vor mir. Er schwankte leicht, seine Augen sahen glasig aus. Komm mit, deutete er mir und neugierig folgte ich ihm. Vom Garten aus gelangte man über eine Steintreppe in einen Partykeller, der wie der Garten überladen mit Luftschlangen, Konfetti, Ballons und knallbunten Pappbechern war. Ich folgte Jon durch den Raum, einen Flur entlang, durch den Heizungskeller, in einen weiteren Flur, an dessen Wand ein großer bunter Teppich befestigt war. Dahinter versteckt führte eine Tür geradewegs in die Hölle. Ein mittelgroßer halbdunkler Raum, dessen Kapazitäten bis zum Letzten ausgenutzt waren, erstreckte sich vor mir. Misstrauische Blicke wurden durch Jons »It's okay, she's with me« entkräftet. Hier war ich endlich angekommen, subversiv und versteckt, die amerikanische Vorstadtjugend offenbarte mir ihre Geheimnisse und Obsessionen. Rauchschwaden hingen in der moschusgeschwängerten Luft, eine gewaltige Bong nahm die Mitte des Raumes ein, um die ein paar Halbleichen verteilt waren, überall standen und lagen ineinander verschlungene Körper. Wenn sich die Gelegenheit bot, über die Stränge zu schlagen, wurde sie hier offensichtlich exzessiv genutzt. Begeistert sah ich mich um. Doch Jon griff mich am Arm und zog mich zu sich. Fest versuchte er seine Zunge in meinen Mund zu stoßen und rammte dabei hart meine Vorderzähne. Aua! Wenn mir das schon wehgetan hatte, wie ging es dann erst seiner Zunge? Überrumpelt stieß ich ihn von mir. Was tat er denn da? Wir hatten an diesem Abend noch kein Wort miteinander gesprochen!

»Oh, sorry … I forgot«, murmelte er, lächelte entschuldigend, dann griff er in seine Tasche und holte ein Päckchen mit Pillen heraus, als sei damit alles klar. Er kippte sich ein paar davon in die Handfläche und hielt sie mir hin. Dann schaute er sich suchend um, griff nach einer Whiskeyflasche, die neben zahlreichen anderen Spirituosen auf dem Boden lag. Zum Glück hatte ich noch immer meinen Limo-Becher in der Hand. Ich nahm die Flasche und schüttete einen Schuss Whiskey hinein. Endlich Alkohol, ich hatte die Hoffnung schon aufgegeben! Ich überlegte, nach einer der Pillen zu greifen, doch was war das genau, wie würde es wirken und wie lange, dazu hier in dieser fremden Umgebung … Trotz dieser Bedenken wollte ich gerade zugreifen, als Jon mir seine Hand vor den Mund hielt.

»Take it«, sagte er, sein Ton klang drängend. Das gefiel mir nicht. Plötzlich wollte ich nicht mehr.

»No, thank you! I don't want it«, sagte ich und stieß Jons Hand weg. Jon verdrehte die Augen und murmelte irgendetwas, das ein bisschen wie »verklemmte Schlampe« klang. Aber ich musste mich verhört haben, denn im nächsten Moment küsste er mich wieder lüstern. Durch diesen Kuss wurde mir mit einem Mal meine Einsamkeit bewusst, ich fühlte mich furchtbar isoliert und allein, so weit fort von zuhause und ohne Freunde. Ich drückte mich gegen ihn. Hauptsache, Zuneigung. Jon zog mich auf den Boden, auf eine der Matratzen. Mit einer Hand hielt er mein Kinn fest, mit der anderen griff er unter mein Shirt. Hungrig biss er in meine Unterlippe. Seit unserem Treffen vor der Kirche hatte ich täglich an Jon gedacht, und mir vorgestellt, er würde mich küssen, aber nicht so. Jetzt ging mir alles viel zu schnell. Mit einer Hand knetete er ungeschickt meine Brust, seine Zunge bohrte sich nass und wild in meinen Mund und sein Körpergewicht drückte mich schwer in die Matratze.

»Wait«, bat ich, doch er ließ nicht von mir ab, sondern versuchte, mein Shirt nach oben zu ziehen. Vor allen Leuten. Ich schob seine Hand weg. Wären wir allein gewesen, hätte ich seinen Ansturm vielleicht als Leidenschaft verstanden, vielleicht hätte mir diese Gier sogar gefallen, doch hier in einem Raum voller fremder Amis fühlte ich mich äußerst unwohl. Nun versuchte er seine Hand in meine Röhrenjeans zu schieben und riss an den Knöpfen. Mühsam zwängte er seine Hand hinein, wühlte und schob. Suchte er etwas? Dann bohrte er einen Finger in mich hinein. Er begann in mir herumzufingern, ungelenk und nicht sehr angenehm. Ich wartete ab. Jon bohrte und wühlte unbeirrt weiter, unrhythmisch und ohne großes Engagement. Nach und nach sank sein Kopf immer schwerer gegen meine Schulter. Nach einer Weile kam mir der Gedanke, dass er vielleicht ganz vergessen hatte, was er da tat.

»Jon?«, fragte ich.

Aufgeschreckt zuckte er weg, blinzelte mich an. Dabei schielte er ein wenig. Dann näherte er sich wieder meinem Mund, um mich zu küssen, doch ich drehte den Kopf zur Seite.

»Was ist denn?«, fragte er.

»Können wir mal eine Pause machen? Das geht mir etwas zu schnell«, setzte ich an, und erklärte ihm, dass wir noch gar nicht miteinander gesprochen hatten, ich gerne seinen Freunden vorgestellt werden würde und erst mal wieder nach draußen möchte, vielleicht etwas trinken und … Jon verdrehte wieder die Augen, dann rappelte er sich mühsam hoch und ließ mich mitten im Satz sitzen.

»Wo gehst du hin?«, rief ich noch, doch Jon wankte ohne sich umzusehen durch den Raum, zu einer Gruppe Mädchen, die ihn mit großem Hallo begrüßten. Verstört blieb ich sitzen und wartete, dass er zurückkommen würde. Ich zündete mir eine Zigarette an, wühlte in meiner Tasche und tat, als wäre nichts. Als Jon nicht wiederkam, stand ich auf und blickte mich nach ihm um. Im Halbdunkel entdeckte ich ihn. Er saß neben einem blonden Mädchen und hielt einen Joint in der Hand. Die beiden kicherten albern und wälzten sich vor Lachen fast auf der Matratze. Er hatte offensichtlich nicht vor, zu mir zurückzukommen. Ich drehte mich um, verließ die Räucherhöhle, irrte durch die Kellergänge zurück nach draußen – zurück in eine andere Welt. Auch dort herrschte ausgelassene Stimmung. Fröhliche Teenager balgten sich um einen giftgrünen Berg Wackelpudding, ein magersüchtiges Mädchen in einem Cheerleaderkostüm hielt mir strahlend ein Tablett mit Würstchen und Frikadellen entgegen. Ich schubste sie aus dem Weg.

Eine halbe Stunde später lag ich in meiner Kammer vor dem Fernseher und sah mir eine Dauerwerbesendung in Endlosschleife an. Ich hatte die Gastgeber gebeten, meinen amerikanischen Dad anzurufen, und mich abholen zu lassen. Noch 48 Tage, bis ich wieder nach Hause fahren konnte! Mir war langweilig und im Nachhinein ärgerte ich mich, dass ich mich von Jon derart hatte aus der Fassung bringen lassen. Ich hätte wenigstens nach Gras fragen sollen!

Die 8. Todsünde des Sex: Unfähigkeit

Ich muss jetzt los!

Claudia (24), Hotelkauffrau, Berlin
über
Adrian (24), Tontechniker, Berlin

Während Adrian zwischen meinen Beinen kauert, höre ich meine Nachbarin in der Wohnung nebenan. Sie ist ziemlich laut, vor allem nachts. Gerade saugt sie und telefoniert dabei. Sie saugt krankhaft oft, bestimmt hat sie einen Fimmel, und immer telefoniert sie dabei. Aber Staubsaugen ist ja auch arschlangweilig, ich mach es erst gar nicht. Das letzte Mal ist echt schon ewig her, vielleicht sollte ich doch bald mal wieder den Staubsauger hervorholen …

Adrian bewegt sich, verstohlen stützt er seinen Kopf auf seinem Arm ab. Ganz heimlich, doch ich sehe es aus den Augenwinkeln. Sicherlich tut ihm der Nacken weh. Er ist ja auch schon eine Weile da unten. Leck leck leck. Was macht er da eigentlich? In diesem Moment rutscht er mit dem Kinn ab, sein kratziger Zweitagebart schabt über meine Haut. Nur eine kleine Bewegung, aber maximal unangenehm. Bartstoppeln auf frisch rasierter Bikinizone. Wahrscheinlich hat er das noch nicht mal gemerkt. Kratzt mich und merkt es noch nicht mal! Allzu viel merkt er eh nicht. Seit er mit dem Lecken angefangen hat, leckt er an derselben Stelle herum, im immergleichen Rhythmus. Leck leck leck. Oje. Von Variation keine Spur. Von Reaktion daher auch nicht, ich liege das jetzt aus. So lang, bis er merkt, dass das so nicht geht oder bis er aufgibt. Wir werden sehen …

Irgendwie tut er mir leid, er meint es ja nur gut, er weiß es halt nicht besser. Andererseits – warum weiß er es denn nicht besser?

Wenn ich nicht reagiere, müsste er doch mal auf die Idee kommen, etwas zu ändern, auch mal seine Finger zu benutzen, und auch mit seiner Zunge könnte er einiges mehr anstellen. Doch Phantasie und Wagemut sind seine Stärken nicht – leck leck leck. Was glaubt er denn, für wen er das macht? Für mich ja wohl nicht. Und mit welchem Ziel? Allzu lang wird das hier bestimmt nicht mehr dauern. Morgen hat er Muskelkater in der Zunge, stell ich mir nicht toll vor. Ihm anscheinend egal, unermüdlich leckt Adrian weiter. Tipp tipp mit der Zungenspitze.

Offenbar nimmt er die Sache viel zu wörtlich. Adrian denkt, mich lecken hieße an mir lecken! Vielleicht sollte ich zur Revanche mal seinen Schwanz abblasen. Pusten und so tun, als wär nix! Witzig! Leider wird Adrian das nicht kapieren. Langsam wird er mir fast etwas unheimlich, wie er da kauert. Vielleicht traut er sich nicht aufzuhören? Armer Kerl! Leck leck leck. Wo ist denn eigentlich mein Kopfkissen? Mist! Vom Bett gefallen, nicht mehr in Griffnähe liegt es auf dem Fußboden. Schade. Wäre schon angenehmer mit Kissen, wer weiß, wie lange das hier noch dauert! Da liegt ja auch mein Handy auf dem Nachttisch. Warum ruft mich cigentlich niemand an? Mein Handy hat heute Abend noch gar nicht geklingelt, fällt mir auf! Bei dem Gedanken fühle ich mich gleich ein wenig einsam, vergessen von der Welt da draußen. Meine Nachbarin dagegen telefoniert immer noch, die hat solche Probleme nicht.

Langsam kriege ich auch wieder Hunger. Haben die Läden wohl noch auf? Und was mach ich denn jetzt mit dem Versager da unten? Jedenfalls nicht den ganzen Abend warten, bis er von alleine aufhört ... Ob ich ihm anschließend erkläre, was er falsch gemacht hat? Eigentlich ja alles. Es geht ja nicht darum, an mir rumzulecken, sondern mich so zu berühren, dass ich stöhne, mich winde, mich keuchend gegen seine Hand, gegen sein Gesicht presse, bis ich komme. Ich könnte es ihm ja vormachen, haha. Viel Lust zum Erklären hab ich nicht, eigentlich ist das doch auch nicht meine Aufgabe. Leck leck leck. Ich entscheide mich dagegen, soll sich doch jemand anders um die Ausbildung kümmern ...

»Du, Adrian, ich muss los!«, sage ich und richte meinen Oberkörper auf. Irritiert schaut er mich an, gibt mich frei und sofort schwinge ich mich aus dem Bett.

»Tut mir leid, hab ganz vergessen, dass ich noch verabredet bin ...« Adrian sieht ein wenig unglücklich aus, während wir uns beide anziehen. Vielleicht passiert ihm das hier nicht zum ersten Mal? Eigentlich ist das sogar wahrscheinlich. Er tut mir wirklich ein bisschen leid, aber man hat es halt nicht in der Hand. Bevor er etwas sagen kann, laufe ich ins Badezimmer. Ich will vor Ladenschluss noch schnell zum Supermarkt. Schlechter Sex macht hungrig, mich zumindest. Wenn ich merke, da kommt nichts mehr, das wird nichts mehr, überlege ich immer ganz automatisch, was ich gleich essen könnte.

Ich schiebe Adrian vor mir her in den Hausflur, die Treppe runter. Dann verabschiede ich ihn, lächle noch mal strahlend. Der Arme schaut nur verwirrt.

»Mach's gut«, rufe ich, dann laufe ich los.

Die 9. Todsünde des Sex: Anhänglichkeit

Das kannst du nicht mit mir machen!

Rosa (40), Werbekauffrau, Berlin
über
Jan (46), Architekt, Berlin

Wir, mein Mann Carlo, unsere fünfzehnjährige Tochter und ich, schlendern an einem Samstagvormittag im April durch die endlosen Modeabteilungen im Berliner Kaufhaus des Westens.

»Mama, da ist Leon!«, kreischt unsere Tochter und stürmt zu einer Abteilung für Jugendmode, wo sie einem Jungen etwa ihres Alters, der das lässig, mit den Händen in den Gesäßtaschen seiner Jeans über sich ergehen lässt, um den Hals fällt und ihn rechts, links und auf den Mund küsst. Schon ist sie wieder zurück.

»Papa, wir wollen ein Eis essen gehen, schenkst du mir fünf Euro?« Mit souveräner Geste zieht Carlo einen Zehner aus seinem Portemonnaie und gibt ihn ihr. Weg ist sie. Er spielt mal wieder den großzügigen Wochenendvater, und meine Aufgabe wird wie immer darin bestehen, den Kindern – außer der Tochter gibt es noch die vierjährigen Zwillinge – ihre Grenzen zu setzen, aber um den Wochenendfrieden nicht zu stören, schlucke ich meinen Ärger hinunter und sage nichts.

Allein bummeln Carlo und ich Hand in Hand die Tauentzienstraße in Richtung Kurfürstendamm. Es ist der erste warme Frühlingstag, die Straßencafés sind vollbesetzt, und unter T-Shirts und Jeans quellen die seit Monaten unter dicken Winterklamotten gnädig verhüllten Speckrollen hervor. Berlin ist eigentlich keine besonders elegante Stadt, denke ich und schmiege mich an meinen Mann. Ich liebe ihn, diesen schlanken, hochgewachsenen Dr. Carlo Minelli, dessen Vater Anfang der sechziger Jahre als Gastarbeiter aus Italien nach Deutschland eingewandert ist. Oft fällt mir auf, dass er mit seinem lateinischen Gesicht und dem vollen, schon leicht grau werdenden Haar die Blicke von Frauen, auch von sehr jungen Frauen, auf sich zieht. Ich mag seine ruhige Art, seine Ernsthaftigkeit, seine Verlässlichkeit, seinen leisen, bisweilen leicht sarkastischen Humor. Mit ihm möchte ich alt werden!

Dabei ist es noch kein Jahr her, dass unsere Beziehung einen kritischen Punkt erreicht hat, ja regelrecht auf der Kippe stand.

Wir sind vor sechs Jahren aus dem Rheinland nach Berlin gezogen, wo Carlo als Rechtsanwalt in einer renommierten Kanzlei eine gut bezahlte Stellung antrat, zunächst noch im Anstellungsverhältnis, aber mit der Aussicht, als Sozius Mitinhaber der Praxis zu werden. Von Anfang an vergrub er sich verbissen in seine Arbeit, kam abends selten vor neun oder zehn Uhr nach Hause, und da sich die Kanzlei vor allem mit internationalen Rechtsbeziehungen befasst, musste er häufig zu Verhandlungen und Tagungen ins Ausland. Ich hatte anfangs viel Verständnis für seine berufliche Situation, als aber die Zwillinge geboren wurden, musste ich meinen Job in einer Werbeagentur, den ich sehr liebte und um den ich regelrecht gekämpft hatte, aufgeben. Erschreckend schnell verflüchtigten sich die Kontakte zu meinen früheren Arbeitskollegen, und ich sah mich plötzlich als grüne Witwe in unserem hübschen Einfamilienreihenhaus mit dem kleinen Garten den unerträglichen Stimmungsschwankungen meiner pubertierenden Tochter und den nicht enden wollenden Fragen und Streitereien der Zwillinge, zweier neugieriger, aufgeweckter, aber nervenaufreibender Knaben, ausgesetzt. Ich fühlte mich niedergeschlagen, einsam und von Carlo im Stich gelassen. So durfte es nicht weitergehen!

Zu den wenigen Aufheiterungen in dieser trüben Zeit gehörten die fast täglichen, oft stundenlangen Telefonate mit meiner Freundin Marion, der einzigen Kollegin aus der Werbeagentur, zu der ich noch regelmäßigen Kontakt hatte. Sie erkannte meinen Gemütszustand und um mich aufzuheitern schlug sie eines Tages vor, wir sollten einmal zusammen ausgehen, richtig einen draufmachen, wie sie sich ausdrückte, und nach kurzem Zögern stimmte ich zu.

Es war ein Samstagabend, meine Tochter schlief bei einer Freundin und die Zwillinge waren für einige Tage bei meinen Eltern. Marion und ich hatten uns ganz schön aufgebrezelt und saßen nun in einer Cocktailbar in Berlin-Mitte, als plötzlich zwei Männer, beide etwa Mitte dreißig, neben unseren Barhockern standen. Marion kannte sie, den größeren der beiden offenbar sogar recht gut. Sie schwor zwar später beim Leben ihrer Katze – und sie liebte ihre Katze über alles –, dass sie dieses Treffen nicht eingefädelt habe, aber ich bin mir da nicht so sicher. Der kleinere der Männer, der sich als Jan van Geldern vorstellte, sah zwar mit seiner etwas stämmigen Figur, dem rundlichen Kopf und dem schütter werdenden Haar nicht unbedingt gut aus, hatte aber ein freundliches, waches Gesicht, und bald hatte er mich in ein witziges, lebhaftes Gespräch verwickelt. Wir entdeckten, dass wir dieselben Filme gesehen hatten und dieselbe Musik mochten. Seine Erzählungen von seiner Arbeit als Architekt in einem größeren Architekturbüro waren voller Selbstironie. Er machte einen unbekümmerten und intelligenten Eindruck, und er brachte mich zum Lachen, wie es mir schon lange nicht passiert war. Ich vergaß meine deprimierende Situation.

Zu viert zogen wir weiter in eine nahe Diskothek, wo wir im Gedränge, Lärm und Flackerlicht schon bald Marion und ihren Begleiter verloren. Nach einem Cocktail an der Bar schlug Jan – inzwischen waren wir wie selbstverständlich zum Du übergegangen – vor zu gehen, wobei er allerdings nicht sagte, wohin. Als wir in das von ihm bestellte Taxi stiegen, gab er dem Fahrer, ohne mich zuvor zu fragen, eine Adresse in Prenzlauer Berg an, offensichtlich seine eigene. Ich widersprach nicht und war neugierig, wie es weitergehen würde.

Er wohnte in einer geräumigen, elegant-chaotischen Altbauwohnung, in der ein schwer definierbarer Geruch, eine Mischung aus abgestandenem Zigarettenrauch, Rasierwasser und Katzenpisse herrschte. Eine große gelbe Katze, die ich übrigens später nie wieder zu Gesicht bekam, huschte unter eine Anrichte. Mein Begleiter riss als Erstes zwei Fenster auf, um zu lüften. Dann ging er in die Küche, um eine Flasche Champagner aus dem Kühlschrank zu holen. Durch die offene Tür konnte ich sehen, dass der Kühlschrank ansonsten nahezu leer war, offenbar aß er nie zu Hause. Auf dem Parkettboden und den modernen Tischen und Stühlen lagen Stapel von Büchern, Zeitschriften und Papierrollen, vermutlich Bauzeichnungen, und trotz des gedimmten Lichts war auf den wenigen noch freien Flächen eine deutliche Staubschicht sichtbar.

»Setz dich doch!« Jan deutete auf ein riesiges, vermutlich teures, jetzt aber leicht verschmuddeltes Sofa, auf dem ich nicht gerade wenige Katzenhaare bemerkte. Obwohl ich seit meiner Hochzeit mit keinem anderen Mann als meinem eigenen Sex gehabt hatte, war mir klar, dass genau dies jetzt und hier auf diesem Sofa mit den Katzenhaaren passieren würde. Aber ich mag Katzen und habe keinerlei Allergien, deshalb war mir das egal. Einander neckend, lachend und ungezwungen zogen wir uns auf der Sofakante sitzend gegenseitig aus, wie ein verliebtes, aber schon lange vertrautes Paar. Sein Körper neigte ein wenig zur Fülle, war aber fest und muskulös. Er bewegte sich selbstsicher und genießerisch, war zärtlich und kraftvoll zugleich. Es war wahrhaftig kein schlechter Sex!

»Wann sehen wir uns wieder?«, fragte er, als wir nackt, leicht erschöpft und entspannt nebeneinander auf dem Katzensofa lagen.

»Überhaupt nicht! Das geht nicht.« Ich wollte kein Verhältnis mit ihm anfangen, wollte mein ruhiges Familienleben, das mir mit einem Mal durchaus bewahrenswert und gar nicht mehr so langweilig erschien, nicht aufs Spiel setzen. In seiner freundlich-witzigen Art redete er jedoch so lange auf mich ein, bis ich versprach, mich in der kommenden Woche wieder mit ihm zu treffen.

Es kam, wie nicht anders zu erwarten: Wir landeten erneut auf dem katzenbehaarten Sofa, und ich kann nicht leugnen, dass es mir wieder gefiel. Das großzügige Chaos seiner Wohnung und die scheinbar schwerelose Lebensweise meines neuen Liebhabers bildeten eine Gegenwelt zu meinem sauberen, adretten Einfamilienhaus mit dem aufgeräumten Garten, die mich unwiderstehlich anzog.

Und so schlich ich mich nun zweimal in der Woche morgens, wenn die Tochter in der Schule war und ich die Zwillinge in den Kindergarten gebracht hatte, in die schön vernachlässigte Altbauwohnung, wo wir uns sofort die Kleider vom Leib rissen und auf dem Katzenhaarsofa unsere Begierde auslebten. Mein neuer Freund schien kein Problem damit zu haben, sich die Zeit für uns zu nehmen.

Dabei plagte mich allerdings zunehmend ein schlechtes Gewissen, und ich versuchte immer wieder, die Sache zu beenden, was sich aber als schwieriger erwies, als mir das Rauchen abzugewöhnen. Alle meine Versuche, eine Trennung herbeizuführen, wurden von Jan in seiner scheinbar unbeschwerten Art hinweggewischt – bis ich eine böse Überraschung erlebte.

In den vergangenen Wochen waren meine Schuldgefühle unerträglich geworden. Als es mir schließlich sogar schwer fiel, noch mit Carlo zu schlafen, wusste ich, dass ich handeln musste. In den Herbstferien wollte ich mit meiner ganzen Familie für knapp zwei Wochen nach Frankreich fahren und dachte, das sei eine gute Gelegenheit für den Absprung. Da ich Jan meinen Entschluss nicht am Telefon mitteilen wollte, besuchte ich ihn ein letztes Mal in seinem gemütlichen Chaosreich, und ganz gegen meine ursprüngliche Absicht endeten wir zunächst wieder auf dem Sofa. Dann aber, beim Abschied, raffte ich mich auf und erklärte, dass dies definitiv mein letzter Besuch gewesen sei. Meine Stimme klang ernst und bestimmt – ich merkte, dass es mir ernst war. Plötzlich versteinerte sich sein sonst immer heiteres Gesicht, und mit einer sich überschlagenden, ungewohnt harten Stimme schrie er: »Das lasse ich nicht mit mir machen. Was glaubst du, wer du bist?« Dabei packte er mich am Handgelenk, sein Griff war wie eine eiserne Klammer.

»Sei doch vernünftig!« Ich versuchte, ihn zu besänftigen, so gut es mir möglich war, die unerwartete Wandlung dieses Mannes machte mir Angst. Wir standen einander wie Fremde gegenüber. Die Erinnerungen an die vielen Nachmittage mit ihm wurden schal. Plötzlich war es nur noch peinlicher Sex in einer schmuddeligen Wohnung.

»So schnell wirst du mich nicht los«, zischte er drohend. Meine Güte, was hatte ich mir denn da bloß eingebrockt? Als sich die Klammer um meinen Arm für einen Moment etwas lockerte, gelang es mir, mich loszureißen. Ich rannte aus der Wohnung, schlug die Tür hinter mir zu und war froh, als ich im Treppenhaus merkte, dass er mich nicht verfolgte.

Kaum war ich zu Hause angekommen, läutete das Telefon: Jan! Er schien sich etwas beruhigt zu haben, war aber immer noch wie ausgewechselt und bestand auf einem Treffen, einer Aussprache. Ich lehnte entschlossen ab. Zwar drohte er mir nicht ausdrücklich damit, meinen Mann über unser Verhältnis aufzuklären, ausschließen konnte ich das nach seinen Äußerungen aber nicht, und das war das Letzte, was ich mir wünschte. Verstört legte ich den Hörer auf. Es war noch nicht vorbei, das wusste ich.

Es folgten weitere Anrufe, fast täglich, die alle ähnlich verliefen, Gott sei Dank immer, wenn ich allein war; immerhin schien er darauf Rücksicht zu nehmen. Ich lebte in ständiger Angst vor einer Entlarvung, denn ich wusste, dass Carlo wenig Verständnis für meine Eskapaden gehabt hätte. Dann nach einigen Wochen endeten die bedrohlichen Anrufe, ich war erleichtert und insgeheim stolz auf mich wie ein Junkie nach einem erfolgreichen Entzug. Zu meiner Erleichterung trug auch bei, dass eine jüngere

Anwältin in die Anwaltspraxis aufgenommen wurde, um Carlo zu entlasten, und tatsächlich kam er jetzt meist gegen sieben zum Abendessen und konnte sich auch die meisten Wochenenden freihalten. Jan habe ich mittlerweile fast vergessen.

All das geht mir an diesem lauen Frühlingstag durch den Kopf, während ich mit Carlo in Richtung Gedächtniskirche schlendere, als plötzlich einer der Seniorpartner der Anwaltspraxis vor uns steht: Dr. Schneider, groß, massig, mit kleinen, flinken Augen hinter dicken Brillengläsern, scharfsinnig und scharfzüngig und nach Carlos Erzählungen ein von Richtern und Prozessbeteiligten teils bewunderter, teils gefürchteter Anwalt. Auch Carlo schätzt Dr. Schneider, aber ich merke, dass er in seiner Gegenwart immer leicht befangen ist, vielleicht weil es vor allem an Dr. Schneider liegt, ob und wann Carlo als Sozius in die Praxis aufgenommen wird. Lieber hätte ich diesen schönen freien Samstagvormittag mit Carlo allein verbracht, aber als Dr. Schneider vorschlägt, zusammen einen Kaffee zu trinken, können wir das nicht ablehnen, und im Bereich des »Neuen Kranzlereck« finden wir schließlich einen Tisch im Freien.

Eigentlich vermeiden Carlo und seine Kollegen es aus Höflichkeit, in meinem Beisein über das Büro oder über juristische Probleme zu sprechen, aber jetzt haben sie sich doch für einen Moment dazu hinreißen lassen. Ich verstehe nicht, um was es geht, höre nicht mehr zu und betrachte gedankenverloren die exotisch-bunten Sittiche, die dort in zwei großen Volieren leben, schreien und schimpfen, als ich durch das dichte, dunkle Drahtgeflecht einen mittelgroßen, kräftigen Mann bemerke, der mich zu beobachten scheint. Jan!, durchfährt es mich heiß. Tatsächlich, es ist mein abgelegter Liebhaber!

Jetzt biegt er um die Ecke der Voliere und kommt genau auf unseren Tisch zu. Mein Gott, er wird es doch nicht wagen, mich anzusprechen, einen Skandal zu verursachen! Er kommt näher, Schweiß steht mir auf Stirn und Oberlippe. Nun ist er nur fünfzehn, noch zehn Meter von uns entfernt und hält immer noch

Kurs auf unseren Tisch. Was soll ich tun? Aufstehen und ihm entgegengehen, um ihm ins Ohr zu zischen, er solle verschwinden? Nein, geht nicht, das wäre zu auffällig; wie sollte ich mein Verhalten dann später erklären? Am besten, ich stelle ihn möglichst unbefangen als Herrn Architekten van Geldern vor, einen guten Bekannten meiner Freundin Marion. Aber wird er dabei mitspielen oder legt er es darauf an, sich zu rächen und mich bloßzustellen? Ich merke, dass ich verräterische rote Flecken am Hals bekomme, bei mir ein Zeichen von Hektik, ein Zeichen, das auch Carlo kennt. Die beiden Männer haben ihre Unterhaltung abgebrochen und schauen auf den sich Nähernden. Alles läuft wie in Zeitlupe ab. Dr. Schneiders Äuglein blitzen neugierig hinter der dicken Brille. Jetzt steht Jan an unserem Tisch und beugt sich vor.

»Darf ich Ihnen diesen Stuhl entführen?«, fragt er, indem er mich anlächelt.

»Aber bitte!«

»Danke!«, erwidert Jan und schaut mich ein paar Sekunden zu lange an. Ich registriere ein gelbes Katzenhaar an seinem Kragen, als er den Stuhl anhebt und ein Schauer durchfährt mich. Jan nimmt den Stuhl und trägt ihn zu einem der Nachbartische, an dem eine hübsche, auffallend stark geschminkte, dunkelhaarige, junge Frau sitzt. Mit einem Kuss auf ihren tiefrot angemalten Mund begrüßt er die Schöne und schaut dabei zu mir herüber mit einem Lächeln, das ich nur schwer deuten kann. Mistkerl!

»Der hat dich ja vielleicht merkwürdig angesehen«, meint Carlo.

»So? Findest du?«

Die 10. Todsünde des Sex: Misstrauen

Yes!

Tania (26), Musikerin, Nordhorn
über
Rico (27), Rezeptionist, Nordhorn

So richtig nahe kamen Jesse und ich uns erst, nachdem wir uns getrennt hatten. Ich war mit Rico zusammen, wenn wir uns stritten, klagte ich Jesse mein Leid. Jesses Schüchternheit war seit unserer Trennung wie weggeblasen und er war immer bereit, mir zu bestätigen, wie schrecklich chauvinistisch sich Rico aufführte, wenn dessen Eifersucht unsere Treffen schwierig machte. Wir hatten beschlossen, dass nichts und niemand sich zwischen uns stellen durfte, auch wenn wir kein Pärchen mehr waren, oder gerade deshalb. Unsere Beziehung, sie war nunmehr rein platonisch, sollte ausschließlich uns angehen. Unsere Umwelt sah das leider anders. Ich betrachtete Jesse einfach als meinen besten Freund, der mir besonders nahe stand, da wir mal ein Paar gewesen waren.

Einmal, als ich nach der Disco nicht mehr zur WG zurückkommen konnte, in der ich mit Rico ein Zimmer teilte, übernachtete ich bei Jesse. Brüderchen und Schwesterchen, auch wenn wir Händchen hielten, doch ich kam erst am späten Morgen nach Hause. In unserer Zimmertür steckte ein Küchenmesser, das einen Zettel ans Holz pinnte, auf dem stand VERDAMMT NOCH MAL! BEGREIFST DU NICHT, DASS ICH DICH LIEBE? Mit leichtem Abscheu betrachtete ich die Installation. Auf diese Art von Liebe konnte ich verzichten!

Ein anderes Mal trieb Rico, nur mit weißem Bademantel bekleidet, Jesse mit einer Mistgabel vom Hof. Wäre mir das nicht so unangenehm gewesen, hätte ich bestimmt gelacht. Rico schrie und schubste auch mich, doch ich blieb unbeeindruckt. Sicher weil ich kein schlechtes Gewissen hatte. Und danach liebten wir uns heftig. An meiner Freundschaft mit Jesse änderte der Zwischenfall nichts. Rico warf mir Egoismus vor, vielleicht hatte er recht, doch musste er widerwillig einsehen, dass ich meine Meinung nicht ändern würde.

Jesse und ich hatten viel Spaß miteinander. Wir gingen aus, sahen zusammen Filme und liebten dieselben Bücher. Auch brachte er mir das Autofahren bei. Einmal nach einem Abend in der Disco fuhren wir mit seinem alten Käfer nach Hause. Plötzlich verzog er das Steuer und rief: »Und so darf man bei Glatteis nie fahren!« Wir hatten aber Glatteis und der Wagen brach hinten aus und schwenkte mit dem Hinterteil in eine Gartenmauer, die sich daraufhin bedenklich zur Seite neigte. Entsetzt blickten wir uns an, lachten laut los, und dann nichts wie weg.

Da ich ehrlich zu Rico war, hatte ich kein schlechtes Gewissen, dass ich gern Zeit mit Jesse verbrachte.

Rico jobbte zu dieser Zeit als Nachtportier in einer Jugendherberge und musste auch am Silvesterabend arbeiten. Ich war in Jesses Wohngemeinschaft zum Feiern eingeladen. Nachts um zwölf wollte ich bei Rico in der Herberge sein, das hatte ich ihm versprochen. Wir waren um die zwanzig Leute, die verkleidet und mit Eierbechern am Tüttelband um den Hals durch die eiskalte Silvesternacht zogen. Es hatte heftig geschneit und der Schneepflug hatte hohe Schneebänke an den Straßenrändern aufgeworfen. Wir sangen vor den Haustüren und wenn geöffnet wurde, wurden unsere Becher mit Schnaps gefüllt.

Erst als ich in die Wärme des Hauses zurückkehrte, merkte ich, wie blau ich war. Unser Silvesteressen – toter Hase mit Preiselbeeren – gab mir dann den Rest, und es war mein guter Freund Jesse, der beim Kotzen meinen Kopf hielt, mich säuberte und ins Bett brachte. Irgendwann wachte ich auf, es muss kurz vor zwölf gewesen sein, denn alle waren mit Vorbereitungen zum Knallen und Raketenabschießen beschäftigt oder zogen sich gerade die Jacken an. Überall war laute Musik. Jesse konnte ich in dem Gedränge nicht finden. Die Party lief auf Hochtouren, keiner merkte, wie ich die Party verließ, um zu Rico zu gehen. Man hätte mich sonst sicher nicht gehen lassen, denn ich konnte mich kaum aufrecht halten.

Ich kam auch nicht weit. Irgendwo um die Ecke fand man mich wenig später in einer Schneewehe. Das erfuhr ich aber erst am nächsten Tag. Gerettet, wurde ich wieder in Jesses Bett verstaut. Jesse war es auch, der beim Aufwachen ganz dicht neben mir lag, sich an mich schmiegte und liebevolle Worte in mein Haar murmelte. Ich tastete neben dem Bett nach etwas Trinkbarem, fand aber nur ein halbes Bier. Vorsichtig legte ich Jesses Arm woandershin, gab ihm ein Küsschen auf die Schläfe und stand auf. Der Raum schwankte noch immer. Erst beim Anblick meines verquollenen Gesichts im Badezimmerspiegel traf es mich wie ein Schock, dass ich Rico versetzt hatte! Ich war nicht um Mitternacht bei ihm gewesen, war bei Jesse geblieben und so wie das aussah, sah es nicht gut für mich aus. Niemals würde er mir die Wahrheit glauben.

Als ich zu Hause ankam, musste ich Kiesel gegen unser Fenster schmeißen, im Türschloss steckte von innen ein Schlüssel. Rico öffnete mit mürrischem Gesicht und sah mich nicht an. Erst in der Küche drehte er sich plötzlich um und äffte mit hoher Stimme die meine nach: »Vertrau mir doch, da ist nichts, ich lieb dich doch.« Was sollte ich dazu sagen? Ich kochte erst mal Kaffee. »Ich hab die ganze Nacht auf dich gewartet! Fast wäre ich zu der blöden Fete gekommen, aber ich hatte Angst, was ich vorfinden würde.« (Mich in Jesses Bett – mit Jesse.) Todunglücklich erzählte ich ihm alles von der Schneewehe bis zum toten Hasen mit Preiselbeeren. Fast wäre ich im Schnee erfroren, weil ich unbedingt zu ihm gewollt hatte! Rico hörte schweigend zu, dann nahm er mich in den Arm. Hielt mich eine Weile einfach fest. Wir beide waren so erleichtert, dass wir fast darüber lachen konnten. Da wir eine schlimme Nacht mit wenig Schlaf hinter uns hatten, gingen wir ins Bett. Unser Zimmer war durch den Schnee und die früh einsetzende Dunkelheit angenehm schummrig und ich war schon fast hinübergeglitten, als Ricos Zärtlichkeiten drängender wurden. Mein Körper reagierte auf ihn. Gierig schloss ich meinen Freund in die Arme, glücklich, denn ich liebte ihn doch! Ich glitt auf ihn und wir bewegten uns miteinander, erst langsam und zärtlich, dann immer schneller. Ich ritt einem gewaltigen Finale entgegen, und als es kam, schrie ich so laut, wie es sich anfühlte: »JESSE!«

Oh mein Gott, ich meinte »YES!«, »YES!« Ich hoppelte noch etwas weiter – aber Rico hatte es gehört. Stocksteif lag er unter mir. Ich weiß nicht, welches Teufelchen mich geritten hat, aber später in meinem Leben bin ich diesem kleinen Wichser noch ein paar Mal begegnet, und es war immer zu meinem Schaden.

Die nächsten Tage waren von Schweigen dominiert. Rico glaubte mir nicht und verzieh mir daher meinen Versprecher nicht. Wie hatte mir das nur passieren können? Ich konnte Rico sogar verstehen. Als ich eine Woche später von einem Besuch bei meinen Eltern nach Hause kam, war das Haus bis auf Fabian leer. Fabian ist der elfjährige kleine Bruder von Lilli, einer Mitbewohnerin, der gerne von ihren Eltern bei uns abgesetzt wird. »Alle zur Party bei Isa in Husum«, war alles was ich ihm entlocken konnte. Ich kannte »Isa« nicht, aber es fühlte sich nicht gut an. Und tatsächlich – Rico kam erst am nächsten Tag zur Schlafenszeit. Er legte sich in unser Bett, machte aber sogleich das Licht aus, zog sich nicht aus und kam auch nicht in meine Nähe. Dass er ebenfalls keinen Schlaf fand, konnte ich seinem Atmen entnehmen.

»Schläfst du schon?«

»Mhm.«

»Gar nicht!«, schniefte ich.

»Okay.« Wir drehten uns zueinander und er nahm mich in den Arm. Ich schob die Hände unter sein T-Shirt und streichelte seinen Rücken. Meine Fingerspitzen fühlten Kratzspuren.

»Was ist das?« Schockiert drückte ich meinen Nagel in eine Wunde. Rico stöhnte auf. Hellwach richtete ich mich auf und schaltete das Licht an. Rico hatte sich auf den Rücken gedreht und sah mich an.

»Ich hab da eine Frau kennengelernt.« Klassische Eröffnung. »Ihr Name ist Isa.«

Schon als ich den Namen das erste Mal gehört hatte, wusste ich, Isa bedeutet nichts Gutes! Ich hasse diesen Namen immer noch, zur Sicherheit auch gleich Ina und Lisa – selbst heute würde ich nicht mal meine Kellerassel so nennen.

Isa hatte sich also meinen Freund gekrallt und ihn sogleich in wilder Leidenschaft als den ihren gekennzeichnet. Ich überlegte, ob noch irgendwo Zigaretten liegen könnten. »Und nun?«

»Will ich schlafen«, er drehte sich von mir weg und schlief tatsächlich ein. Ich blieb noch lange wach, weinte und wusste, dass Jesse mich diesmal nicht würde trösten können, wie sonst bei Streitigkeiten. Niemand würde mich trösten können. Rico ist kurze Zeit später tatsächlich zu Isa gezogen.

Die 11. Todsünde des Sex: Humorlosigkeit

LASS UNS EIN SPIEL SPIELEN!

Sarah (26), Mediengestalterin, Köln
über
Matthias (48), Immobilienmakler, Köln

Am Moskauer Flughafen Domodedowo mussten wir warten. Wir Passagiere saßen im Flugzeug, bereit nach Deutschland zurückzufliegen, als eine Durchsage erklang. Wegen einer Luftshow zu Ehren Putins könne sich der Rückflug eventuell um fünf Stunden verzögern, man warte noch auf Starterlaubnis. Ein lautes Raunen ging durch die Reihen. Entsetzt schlug ich die Hände vors Gesicht. Fünf Stunden! Sollten wir die etwa in diesem Flugzeug verbringen? Wobei es auf dem Flughafen auch nicht gerade angenehm gewesen war. Ich hatte mich dummerweise in eine der Schlangen gestellt, in der asiatisch aussehende Reisende aus den Provinzen Russlands mit überdimensionierten bunt karierten Plastiktüten warteten. Diese Passagiere wurden genauestens untersucht. Nach einer Ewigkeit begriff ich meinen Fehler und stellte mich an einen der für Europäer ausgewiesenen Schalter, wo ich sofort durchgewinkt wurde. Das grimmige Sicherheitspersonal musterte mich feindselig, einer grollte mir durch zusammengebissene Zähne etwas zu.

»Wie bitte?«, fragte ich auf Russisch, was mit einer Schimpfsalve quittiert wurde. Meinen Ausweis natürlich, wie hatte ich so dumm sein können? Der zuständige Wachmann verdrehte tatsächlich die Augen – ich war heilfroh, als ich endlich im Flugzeug saß. Doch die Aussicht, hier noch weitere fünf Stunden auf den Abflug warten zu müssen, erschien mir schrecklich. Und das alles nur wegen Putin! Hätten die das nicht vorher wissen können?

»Haben Sie vielleicht Lust, sich mit mir einen Film anzusehen?«, fragte der Mann, der neben mir saß. Er hatte graumelierte Schläfen und trug einen dunklen Anzug, ich hatte ihn bisher noch gar nicht wahrgenommen. Er deutete auf das Display seines Laptops, auf dem ein Ordner mit einer beträchtlichen Anzahl Filme geöffnet war. Lustlos las ich mir die Titel durch, als eine weitere Durchsage erklang. Das Flugzeug habe nun doch Starterlaubnis erhalten. Freudig klappten wir den Laptop zu, schlossen die Sicherheitsgurte und richteten die Lehnen auf.

Während des Rückflugs schauten wir keinen Film, sondern unterhielten uns. Mein Sitznachbar hieß Matthias, war geschäftlich in Russland gewesen und lebte so wie ich in Köln. Er war sehr interessiert an meinen Erzählungen und gab mir Tipps zu meinem Job, was ich etwas wichtigtuerisch, aber auch irgendwie nett fand. Während der Landung fragte er mich, ob ich ihn nicht bald einmal besuchen möge. Erst da begriff ich, dass mein Sitznachbar ganz offensichtlich mit mir flirtete, was ich erst erstaunt, dann geschmeichelt zur Kenntnis nahm. Es freute mich, dass er mich wiedersehen wollte.

Nach der Landung in Köln-Bonn nahm er mich im Taxi mit nach Köln. Zum Abschied umarmten wir uns und er versprach, sich bald zu melden. Gleich zwei Tage später lud er mich zum Essen ein. Nervös hatte ich mich den ganzen Nachmittag über immer wieder umgekleidet und war vor meinem Spiegel auf und ab getigert. Meine Freunde waren alle ungefähr so alt gewesen wie ich, wie würde es wohl mit einem älteren Mann sein?

Beim Essen stellte Matthias mir viele Fragen zu meinen Freunden und meinem Job in einer Werbeagentur. Wenn ich antwortete, legte er konzentriert die Stirn in Falten, als hätte ich etwas Wichtiges mitzuteilen. Falls er mich damit verunsichern wollte, gelang ihm das. Mir gefiel seine Ernsthaftigkeit, doch im Nachhinein denke ich, dass sich schon hier eine gewisse Humorlosigkeit zeigte.

Während ich sprach, legte er seine Hand neben meine auf den Tisch. Seine Finger berührten ganz leicht die feinen Härchen meines Unterarms und kleine Schauer durchfuhren mich. Mein Körper mochte ihn. Dennoch trennten wir uns nach dem Abendessen, verabredeten uns aber für den übernächsten Tag. Beim dritten Treffen schliefen wir miteinander. Es war wirklich anders als mit meinen bisherigen Freunden. Matthias strahlte Ruhe und Selbstbewusstsein aus, war aufmerksam und zärtlich. Und obwohl ich in seiner Anwesenheit noch immer recht aufgeregt war, konnte ich mich bei ihm gut entspannen.

Nach einer Woche saßen wir auf seiner Terrasse, tranken Wein und blickten in die Baumkronen des Hinterhofs. Matthias' Wohnung war groß. Es sah ein bisschen so aus, als hätte er alle Möbel und Einrichtungsgegenstände auf einmal gekauft, alles passte zueinander und wirkte daher ein wenig bemüht. Ich wusste nicht, ob es mir bei ihm gefiel, die glänzendglatten Oberflächen, die teuren Stoffe, das dunkle Holz hießen mich noch nicht willkommen. Als es kühler wurde, setzten wir uns drinnen auf eine Ledercouch. Unsere Knie berührten sich, ich spürte ein Kribbeln. Warum küsste er mich eigentlich nicht? Matthias schien ein wenig nervös, er stand mehrmals auf, um umständlich Musik auszuwählen, füllte die bereits gefüllten Gläser und wischte zerstreut Staubflusen von den Flächen. Endlich küsste er mich. Er hatte seine Hand unter meiner Bluse, tippelte mit den Fingerspitzen meine Wirbelsäule entlang, unternahm jedoch keinerlei Anstalten, meinen BH aufzuknöpfen. Was hatte er denn heute? Hatte ich etwas falsch gemacht? Viel zu viel Gedanken, vielleicht musste man ihn nur ein bisschen schubsen? Ich streichelte Matthias' Schultern, seinen Rücken, strich über seinen Bauch und begann, seinen Gürtel zu öffnen, als er an meiner Schulter etwas flüsterte:

»Lass uns ein Spiel spielen ...«

Verwirrt hielt ich inne. Spielen? Jetzt? »Stadt, Land, Fluss«, »Monopoly«? War das sein Ernst?

Er brachte sein Gesicht vor meins und lächelte mir verschwörerisch zu. »Wir spielen, wir wären im Klassenzimmer.«

Er sagte das vollkommen ernsthaft, mit einem lüsternen Glitzern in den Augen. Ratlos blickte ich ihn an. Was wollte er von mir?

»Du bist meine Schülerin«, setzte er nach.

Was sollte denn das! War er etwa pervers?

»Und jetzt willst du mich bestrafen?«, fragte ich diplomatisch und fürchtete mich fast ein wenig vor der Antwort. Doch Matthias richtete sich auf und sah mich entrüstet an.

»Nein, so eine Art Spiel ist das nicht, Sarah! Für wen hältst du mich? Hast du denn keine Phantasie?« Er schüttelte ärgerlich den Kopf. Ich stutzte. War das mein seriöser Matthias? Um die Situation aufzulockern, lächelte ich ihn an.

»Hör bitte auf zu grinsen!«, sagte er unwirsch.

Oje. Ich versuchte, ernsthaft auszusehen, was mir anscheinend nicht gelang.

»Also wirklich! Du darfst dabei nicht lachen!«, schimpfte er. »Das macht die Stimmung kaputt!«

Welche Stimmung?, fragte ich mich. Doch es war Matthias offensichtlich sehr wichtig, also biss ich fest auf meine Zunge und versuchte, mich zusammenzureißen. Die Situation ließ sich durchaus als zwiespältig bezeichnen. Er musterte mich einen Moment misstrauisch, dann fuhr er erklärend fort: »So, Sarah, du warst frech und musst nachsitzen. Ich beaufsichtige dich dabei. Draußen ist es sehr warm und du möchtest gern zu deinen Freunden.« Erwartungsvoll blickte er mich an. Ich saß stumm da, mit angehaltenem Atem, die Zunge noch immer fest zwischen meinen Zähnen, um nicht loszulachen. Vielleicht war das alles ein schlechter Scherz? Ich hoffte es. Doch Matthias fuhr fort: »Du möchtest also raus und überlegst, was du wohl für mich tun kannst, damit ich das Nachsitzen verkürze.«

Mein neuer Freund meinte das alles ernst, gespannt wartete er auf meinen Einsatz. Vorsichtig hatte ich meine Zungenspitze losgelassen und räusperte mich nun unschlüssig.

»Ähem, okay ...« Ich wusste nicht weiter.

»Du könntest erst mal deine Bluse ausziehen.« Matthias klang jetzt ein wenig ungeduldig. Um ihm eine Freude zu machen, begann ich folgsam, meine Bluse aufzuknöpfen. So, jetzt war er wieder dran! Doch er saß nur still da und erwartete offensichtlich noch mehr von mir. Nur was? Jetzt wollte ich wirklich gern nach draußen. Sein gespannter Blick war kaum zu ertragen, also unternahm ich einen Versuch und plapperte drauflos: »Du, ich möchte gerne nach draußen, raus zu meinen Freunden. Es tut mir leid, dass ich frech war …«

»Sarah!«, unterbrach er mich. »Du musst mich siezen, ich bin dein Lehrer!« Matthias hob seinen Zeigefinger und blickte mich mit strengem Lehrer-Lämpel-Blick an. Das war zu viel. Hysterie überkam mich, ich konnte nichts dagegen tun. Ich musste lachen! Das war mir schon früher ab und an passiert, in Situationen, in denen ich eigentlich nicht lachen dürfte, kam ich einfach nicht dagegen an. In der Kirche, bei Beerdigungen … Auch jetzt verlor ich meine Selbstbeherrschung und prustete lauthals los. Jetzt war es zu spät. Lachsalven schüttelten mich, Tränen flossen aus meinen Augenwinkeln, während ich mühsam nach Luft schnappte und mir den Bauch hielt. Matthias sprang auf. Rote Flecken waren an seinem Hals zu sehen.

»Was soll denn das? Du bist albern!«, fauchte er mich an. War er jetzt noch mein Lehrer? Ein erneuter Lachanfall wogte über mich hinweg, hysterisch, befreiend, so kannte ich mich gar nicht. Alle Anspannung war von mir abgefallen und ich hätte gerne noch weitergelacht, doch ergriff mich Mitleid mit Matthias, der jetzt hektisch im Zimmer auf und ab lief. Mühsam bemühte ich mich um Contenance.

»M-Matthias, e-entschuldige …«, versuchte ich es, doch es war zu früh. Ein leises, stetig anschwellendes Kichern kam aus meinem Mund. Ich konnte nicht anders und gab mich ihm hin. Matthias verließ das Zimmer. Er kam nicht wieder, vielleicht hatte er sich im Bad eingeschlossen. Ich beschloss, ihn nicht zu suchen.

Als ich genug gelacht hatte, zog ich mich an und lief aus der Wohnung. Vorher überlegte ich noch, ihm einen kurzen Brief zu schreiben, entschied mich aber dagegen. Er hätte es vielleicht falsch verstanden und ich wollte ihn nicht quälen. Er könnte mich ja anrufen! Doch das hat er nie getan. Als Schülerin war ich offenbar durchgefallen.

Die 12. Todsünde des Sex: Gier

Westerwälder Ausdruckstanz

Nina (20) und Emma (19), Studentinnen, Potsdam
über
Tim (24), Kfz-Lehrling, Potsdam

Ich will nicht mehr ins Kino«, schluchzte Emma. Tränen liefen über ihr Gesicht, hingen an ihrer Nasenspitze und tropften auf den Teller, den wir am Büfett gefüllt hatten. »Ich will nicht ins Kino und ich will nicht spazieren gehen. Ich will gar nichts … ich will das auch nicht essen …«

Emmas Stimme brach, ging in Schluchzen unter, sie schlug die Hände vors Gesicht.

»Genau, will nie wieder was essen«, Emmas kleiner Bruder Conrad nickte eifrig und lächelte mir verschwörerisch zu. »Wir können das alles mit ins Kino nehmen!«

Er begann, Cannelloni, Torten und Erdbeerquark in Servietten einzuschlagen. Ich ließ ihn gewähren. Unser Tisch sah ohnehin schon grotesk aus. Emma hatte Conrad im Zuge einer erzieherischen Maßnahme den »Teller für Ungenießbares« verweigert, auf welchem er Gemüse, Grünes und Gesundes ohne Geschmackstest auszusortieren pflegte. Um sich zu rächen, hatte Conrad alle grünen Abscheulichkeiten auf und unter dem Tisch verteilt. Die pädagogischen Gegenmaßnahmen seiner Schwester waren jäh durch eine SMS unterbrochen worden. Noch immer umkrampfte Emmas Hand das Telefon, ihre Fingerknöchel traten weiß hervor.

»Vielleicht meint er's ja gar nicht so?« Sie blickte mich flehentlich an. Also stimmte ich ihr zu.

»Du meinst, vielleicht hat er aus Versehen Schluss gemacht? Hm ... möglich wär's ...« Offenbar wirkte ich nicht allzu überzeugend, denn Emma brach erneut in Tränen aus.

Conrad rollte ein Spielzeugauto durch den Quark und krähte vergnügt. Innerlich wünschte ich, ich könnte mich seiner Haltung anschließen. Emmas Affären überforderten mich. Was waren denn das für Typen, die vier Wochen lang die große Liebe schworen und dann samstagvormittags um 13 Uhr per SMS ihre Gefühle aufkündigten?

»... tut mir sehr leid, das war alles ein fehler, es ist besser, wenn wir uns nicht mehr sehen, lg, jan«, hatte er geschrieben. Einfach so. Eigentlich hatten wir zu viert brunchen und anschließend einen Animationsfilm sehen wollen, stattdessen eine SMS. Und nun lag Emmas Welt in Trümmern.

Conrad streckte seine kurzen Ärmchen aus und zog mit klebrigen Fingern an meiner Bluse.

»Komm, Nina, wir gehen ins Kino.« Hilflos blickte ich von meiner Freundin zu ihrem kleinen Bruder.

»Geh ruhig, Nina, ich komm allein zurecht. Ich leg mich ins Bett. Bringst du Conrad später wieder nach Hause?« Emma hatte ihre Fassung wiedergefunden. Wie selbstlos, dass ich jetzt allein ihren Zwergenbruder ausführen durfte. Ich schluckte, sagte aber nichts. Kino war mir noch lieber, als Emma das restliche Wochenende Taschentücher zu reichen und tröstende Worte direkt ins Nichts zu richten. Das würde ich noch lange genug tun müssen.

Wir küssten uns zum Abschied, ich überzeugte Conrad, die grausigen Serviettenpakete dazulassen, indem ich ihm Popcorn versprach, nahm ihn an der Hand und wir gingen ins Kino. Als wir aus dem Cinemaxx traten und ich mein Handy wieder einschaltete, hatte Emma mir schon mehrere herzzerreißende SMS geschrieben. Eigentlich hatte ich vorgehabt, ins Fitnessstudio zu gehen, ich zahlte jeden Monat fünfzig Euro für nichts, doch daraus würde wohl auch heute nichts werden. Ich musste mich um meine beste Freundin kümmern.

Emmas Mutter war Lehrerin und für zwei Wochen verreist, sie machte seit hundert Jahren zum ersten Mal Urlaub ohne Kinder. Seit ihre Tochter auf der Welt war, hatte sie sich allein um die Erziehung gekümmert. Emmas Vater war ein Akrobat aus Australien, um den ich Emma zu Grundschulzeiten glühend beneidet hatte. Leider sah sie ihn nie, er schrieb ihr auch nicht und ein Besuch in Australien war nicht nur aus finanzieller Sicht in immer weitere Ferne gerückt. Emma hatte ihrer Mutter versprochen, während ihrer Abwesenheit gut auf Conrad aufzupassen, auch mir war dieses Versprechen abgenötigt worden. Wir hatten zwei Monate Semesterferien, was waren da schon zwei Wochen? Als wir in der geräumigen Mietwohnung ankamen, die bis zu den hohen Decken mit Büchern, Bildern und Blumen gefüllt war, lag Emma in sichtbar desolatem Zustand auf dem Sofa.

»Dieses Schwein! Ich hasse ihn!«

Nicht viel anderes hatte ich erwartet, also fing ich an, leere Kekspackungen und Kleenextücher wegzuräumen und öffnete eine Flasche Rotwein. Conrad musste auch bald ins Bett. Aber erst würde ich ihn baden müssen. Ich seufzte. Conrad sah aus, als hätte man ihn in Torte gewälzt und dann mit Popcorn gefedert. Wie schaffte seine Mutter es nur, ihn einigermaßen adrett und sauber zu halten? Unzählige Stunden später, ich hatte mein Pflegekind gefüttert, geputzt, ihn ins Bett gebracht und in den Schlaf gelesen, ließ ich mich gähnend neben Emma aufs Sofa fallen. Sie hatte sich nicht gerührt, nur ab und an ihr Weinglas voll geschenkt, und begann nun sofort damit, ihre Beziehung zu Jan minutiös für mich zu rekonstruieren. Sie erzählte mir nichts Neues, ich hatte ja alles mitbekommen, doch sagte ich das natürlich nicht. Emma brauchte mich jetzt, also nahm ich ihre Hand und hörte zu.

»Wir brauchen Nachschub, lass mal zur Tanke fahren!«, unterbrach sie sich irgendwann selbst, als die Weinflasche leer war. Das hatte ich mir auch schon überlegt, also stand ich bereitwillig auf und suchte die Schlüssel zum Wagen von Emmas Mutter. Im

Auto schaltete ich das Radio an, irgendein hysterischer Moderator überschlug sich vor guter Laune. Er brüllte gerade: »Yeah! Let's party!« Genau das Richtige jetzt, dachte ich und drehte etwas lauter, Emma beschwerte sich nicht. Als ich nach meinem Einkauf die Fahrertür öffnete, war eine Verwandlung mit Emma geschehen. Aufgeregt zappelte sie auf ihrem Sitz.

»Nina, wir rufen da an! Da sind gerade paar Mädchen aus Brandenburg im Radio, die Jungs für ne Party suchen, das machen wir auch! Bitte!«

Ich kannte die Sendung, wirklich kein Spitzenformat, und musste unwillkürlich grinsen.

»Emma, da kommen doch nur Spacken! Willst du echt irgendwelche Fremden in die Wohnung deiner Mutter einladen?«

»Ja, ist doch auch meine Wohnung! Und es kommen supersüße Single-Boys, das sagt der Typ im Radio!« Emma kicherte. So gefiel sie mir viel besser.

»Genau, ganz super! Prolls, Zuhälter, Burschenschaftler, Drogensüchtige, Nerds, Perverse ...« Emma kicherte nur noch lauter. Immerhin heulte sie jetzt nicht mehr. Vielleicht war das alles ja gar keine so schlechte Idee, allemal besser, als sich in den Schlaf zu weinen.

»Okay, dann holen wir noch Getränke ...« Emma und ich packten das Auto voll. Die ganze Rückfahrt über hing meine Freundin in der Warteschleife des Radiosenders, aufgeregt trommelte sie mit den Fingern auf das Armaturenbrett. Als ich gerade die Wohnungstür aufschloss, klappte es. Ja, Emma war volljährig, im Vollbesitz ihrer geistigen Kräfte und gewillt, bei der »Power-Party« mitzumachen. Die einzige Kontrolle war ein Rückruf vom Radiosender, der feststellen sollte, ob wir auch keine Witzbolde waren, die anderen einen Streich spielten. Kurz darauf ging Emmas Stimme über den Äther und lud fremde Menschen aus der Umgebung in unseren kleinen Vorstadtbezirk ein.

Ich rief ein paar Freundinnen zur Verstärkung an. Emma lud derweil gut aussehende Singles zwischen 18 und 28 aus Berlin und aller Welt auf unsere Party ein, alle konnten kommen, sie mussten nur etwas zu trinken mitbringen. »Alle, bloß keine schwarzhaarigen Jans.« Die waren auf unserer Party nicht erwünscht! Genießerisch wiederholte Emma das Ausschlusskriterium zweimal, während ich Conrad bei der Nachbarin einquartierte, eine tanztaugliche Musikliste erstellte und begann, das Wohnzimmer freizuräumen. Geschäftig schoben Emma und ich Raumteiler an die Wände, verschlossen Wertsachen im Schlafzimmer und holten Lichterketten aus der Partytruhe. Dann stellten wir einen Tisch für die mitgebrachten Getränke auf, fertig war die Bar, Plastikbecher vom letzten Kindergeburtstag dazu und Eimer für die Eiswürfel. In kürzester Zeit war die Wohnung partytauglich und wir begannen, uns für die Gäste zurechtzumachen. Derweil lief der Mitschnitt von Emmas Aufruf alle fünfzehn Minuten im Radio, die Jungs konnten anrufen, ihre Namen und Telefonnummern hinterlassen und erhielten dafür unsere Adresse.

»Hätten wir nicht auch Mädchen einladen sollen?«, fragte ich Emma, während ich vor dem Badezimmerspiegel Rouge auftrug.

»Quatsch!«, ertönte ihre resolute Stimme hinter dem Duschvorhang. »Wenn Jan da zuhört, ärgert er sich so doch viel mehr! Er denkt sicher, ich verkriech mich jetzt zu Hause und heule. Von wegen. Er fällt um, wenn er das hört …« Es ging also immer noch nur um Jan? Das klang für mich nicht sehr plausibel. Es klingelte. Fast hätte ich den Puderpinsel fallen lassen. Oh nein! Emma kletterte hastig aus der Dusche, während ich aufgeregt von einem Bein aufs andere hüpfte.

»Mach doch mal auf, Nina! Ich muss mich doch noch schminken …«

Ja, und anziehen! Toll. Jetzt würde ich mich also ganz alleine um die ersten Besucher kümmern müssen, auch das noch. Mit schweißnasser Hand griff ich nach dem Hörer der Gegensprechanlage und fragte, wer da sei.

»Nicole, Jana und Annalena«, ertönte es über die Gegensprechanlage. Okay, Verstärkung, das war ja wunderbar, erleichtert drückte ich den Summer. Wir setzten uns ins Wohnzimmer und tranken Wodka-Redbull. Die beiden fanden Emmas Idee ganz großartig, das beruhigte mich. Wir dimmten das Licht, drehten die Musik auf und warteten auf die ersten Gäste.

Als es nach einer halben Stunde erneut klingelte, schlenderte Emma betont lässig zur Tür und drückte den Öffner. Sie trug ein neues Kleid und sah so schön aus, dass ich nicht blinzeln wollte, um nichts von ihr zu verpassen. Noch während sich die fremden Stimmen im Treppenhaus unserer Wohnung näherten, klingelte es erneut. Fünf Jungs betraten die Wohnung, mit Tüten und Sixpacks beladen, blickten sie sich suchend um. Wir begrüßten die Ankömmlinge und stellten uns vor, während bereits neue Leute ins Zimmer strömten. Emma, die schon ziemlich betrunken war, umarmte die besser aussehenden Gäste zur Begrüßung, den anderen schüttelte sie etwas förmlicher die Hand.

Ich entdeckte Tine, die noch im Flur stand, jetzt waren wir Mädchen schon zu sechst. Ich wollte sie gerade begrüßen, als mich ein Roger von der Seite ansprach und einen verklemmten Smalltalk begann. Er sah ungesund schwammig aus, hatte rote Flecken im Gesicht und fettige, halblange Haare. Offensichtlich war er allein gekommen. Energisch widersetzte er sich meinen Fluchtversuchen, indem er einfach neben mir herlief und nicht zu reden aufhörte. Während meiner Verfolgung kratzte er sich permanent an Oberarm, Hals und im Schritt. Ich versuchte, ihn auf Tine abzuwälzen.

»Hey Tine! Cool, dass du da bist! Das ist Roger. Roger, das ist Tine.« Irritiert schüttelten sich die beiden die Hand, und ich suchte schnell das Weite. Wirklich weit kam ich allerdings nicht, ein Alex sprang mir in den Weg. »Boah, ist das scheiße hier. Topuncoole Wohnung! Kommste mit woandershin?«, fragte er mich.

»Klar«, knurrte ich, »aber geh schon mal vor!« Dialoge des Grauens.

Ich durchquerte den Raum, der sich mittlerweile mit Menschen gefüllt hatte, um mir einen neuen Drink zu holen und griff nach einer Wodkaflasche. Ein bisschen Wodka wäre jetzt genau das Richtige ... Suchend blickte ich mich nach Emma um und entdeckte sie umringt von einer Horde Männer, die von allen Seiten auf sie einredeten und einander mehr oder weniger unauffällig wegzuschubsen versuchten. Meine Freundin genoss das Ganze sichtlich, sie warf die Haare zurück, formte gerade einen Kussmund und hatte die Träger ihres Kleides lasziv über die Schultern rutschen lassen. Was war bloß mit ihr los, das war doch wirklich nicht nötig! Peinlich berührt stellte ich den Wodka wieder weg und steuerte auf Emma zu. Wenn sie die Kontrolle verlor, musste wenigstens ich klar bleiben.

»Hey, Niiiinaaa!«, kreischte sie und umarmte mich, als hätten wir uns seit Jahren nicht gesehen. Sie umklammerte mich und stellte mich dann der Reihe nach ihren neuen Freunden vor, wobei sie es fertigbrachte, bei jedem Namen danebenzuliegen. Sie schwankte ziemlich. Ich zog sie unter allgemeinem Protest ein Stück zur Seite.

»Emma, alles okay mit dir? Ist ja schön, dass du Spaß hast, aber vielleicht solltest du nicht komplett ausrasten?!« Emma lachte nur, riss sich los und kehrte zu ihren Verehrern zurück. Ich wollte ihr folgen, doch da sah ich Roger, der winkend und sich kratzend auf mich zusteuerte und ergriff lieber die Flucht. Ich tauchte zwischen zwei breiten Rücken ab, die ihre trainierten Oberarme in Unterhemden präsentierten, ignorierte die freudigen »Hallos« und lief gebückt Richtung Flur. Wo waren eigentlich die anderen Mädchen? Als Erste entdeckte ich Jana, die ausgelassen auf der Tanzfläche herumhopste. Irgendetwas war hier komisch ... mein Gott, lief hier wirklich Scooter? Irgendjemand musste sich der Musik bemächtigt haben, und ... ja, man tanzte Westerwälder Ausdruckstanz. Was war das hier eigentlich für eine Versagerveranstaltung? Am Rand der Tanzfläche stand Nicole und knutschte mit einem langhaarigen Minderjährigen.

»Was für dumme Musik!«, wandte sie sich vorwurfsvoll an mich, doch ich zuckte nur die Schultern und lief Richtung Badezimmer, während von allen Seiten Arme an mir zogen. Viel zu viele männliche Gäste. Wirklich eine Bombenidee, nur »süße Single-Boys« einzuladen, die Typen kamen hier an, liefen von einem Mädchen zum anderen und verließen dann wütend die Party.

»Habt ihr keine Freunde oder was soll das mit dem Radio?«, rief mir einer beim Weggehen ärgerlich zu. Durchaus eine berechtigte Frage, ich schwieg lieber.

»Mach dir nichts draus, ist doch ne tolle Fete«, griff ein bebrillter Junge das Gespräch auf. Er war allein, trug kurze Hosen, einen viel zu engen braunen Wollpullover und einen kleinen Rucksack auf dem Rücken. Als ich mich wortlos an ihm vorbeidrängte, hielt er ein Handy ans Ohr und rief etwas hinein. Imaginäre Freunde, er hatte gar nicht gewählt.

Am frühen Abend hatte ich den Badezimmerschlüssel an mich genommen, damit niemand abschließen konnte, dennoch war das Bad blockiert. Ein fremdes Mädchen saß breitbeinig auf dem Waschbecken und umarmte Alex, der sich mit beiden Händen unter ihrem Rock betätigte. Wie schön, wir hatten mittlerweile also doch weibliche Gäste. Im Flur lagerte eine Gruppe pubertierender Schüler mit Schnapsflaschen in den Händen und bedruckten T-Shirts, »Lehrer = Nazis« las ich auf einem. Wie gut, dass ich aus diesem Alter raus war. Ich öffnete die Schlafzimmertür, dort lag Annalena mit zwei Typen im Bett. Sie trug nur noch einen BH. KO-Tropfen?, schoss es mir durch den Kopf, und ich rief ihren Namen. Ihr rotes Gesicht hob sich mir langsam entgegen.

»Hey, Nina, was geht? Alles klar bei dir?« Ihre Stimme klang normal.

»Ja ja, schon gut.« Ich schloss halbwegs beruhigt die Tür. Es war erst ein Uhr, die Nacht noch lang. Am liebsten wäre ich nach Hause gegangen, doch ich musste ja auf Emma aufpassen. Wir hatten immer aufeinander aufgepasst, doch erschien mir diese Aufgabe heute bemerkenswert schwierig. Zu Scooter tanzen wollte ich jedenfalls nicht. Entspann dich mal, befahl ich mir selbst. Ich zog einem grüngesichtigen Schüler eine Whiskeyflasche aus der Hand und nahm einen tiefen Schluck. Protestierend taumelte der Junge ein paar Schritte hinter mir her, dann blieb er stehen und rutschte langsam an der Wand entlang zu Boden, wo er reglos liegen blieb. Hustend überquerte ich die Tanzfläche.

»Ecstasy, Speed, Koks ...?« Ein Raunen ging durch den Flur und der neu eingetroffene Gast, ein ziegenbärtiger Glatzkopf, wurde von der Abiturientengruppe umschart. Auch das noch, so würde die Nacht gar kein Ende mehr finden! Ich musste etwas unternehmen. Wo war denn nur Emma hin? Mittlerweile waren überall Menschen, sie wühlten im Kühlschrank, öffneten Schränke, fummelten am Computer rum, tanzten, knutschten, brüllten, verließen mit fremden Jacken und CDs die Wohnung ... man amüsierte sich.

»Superidee von mir, die Party!« Emma torkelte von der Tanzfläche auf mich zu und hängte sich an meinen Hals. Ungläubig blickte ich sie an.

»Echt, findest du? Ich weiß ja nicht ... Von mir aus könnten wir die so langsam alle rauswerfen!«

»Ach nein, wer weiß, wer noch so kommt. Lass mich jetzt mal tanzen!« Damit wollte sie mich stehen lassen.

»Halt, warte, ich brauch kurz dein Handy!« Sie gab es mir. Vergeblich versuchte ich Emma zu überzeugen, dass die Situation außer Kontrolle geriet, doch sie wollte nicht auf mich hören. Ich hatte sie selten so widerborstig erlebt. Plötzlich stand ein breitschultriger Typ neben Emma und legte ihr besitzergreifend den Arm um den Hals.

»Das ist Tim, Tim das ist Nina«, gluckste Emma begeistert, während Tim sie bereits mit sich zog, ohne mich eines Blickes zu würdigen. Was lief denn hier? Ich stolperte den beiden hinterher. Tim zog Emma zwischen den tanzenden und taumelnden Fremden durch in den Flur, Richtung Schlafzimmer. Oh nein, Emma hatte einen Schlüssel. Plötzlich hasste ich es, ein Mädchen zu sein! Ich wollte ein Mann sein und all die zwielichtigen Typen aus der Wohnung prügeln.

»Emma«, rief ich und versuchte, sie zurückzuziehen. »Gib mir den Schlafzimmerschlüssel.«

Ich wühlte in ihrer Jackentasche und bekam tatsächlich den Schlüssel zu fassen. Schnell steckte ich ihn ein. Dann griff ich nach Emmas Arm.

»Ich werfe die Leute jetzt raus! Hilfst du mir?« Bitte, Emma, bitte. Sei doch vernünftig.

»Untersteh dich! Geh doch einfach nach Hause! Und lass mich!«, wehrte sie sich. Tim und ich hatten je einen ihrer Arme gepackt und zogen in verschiedene Richtungen.

»Emma, das willst du gar nicht! Wer ist denn das? Du hast ja völlig die Kontrolle verloren ...«, brüllte ich eindringlich in ihr Ohr, während Tim noch immer rabiat an ihrem Arm zog. Jetzt reichte es mir!

»Hör auf, du Penner!«, rief ich wütend. »Lass meine Freundin los!«

»Spinnst du, Nina?« Emma schubste mich weg und drängte sich eng an ihren neuen besten Freund. Der grinste mich auch noch schadenfroh an, das dürfte doch nicht wahr sein.

»Du gehst mir auf die Nerven!«, lallte Emma. »Ich hab Liebeskummer, ich darf mich amüsieren. Nur weil du dich nicht locker machen kannst ...« Weiter wusste sie offenbar nicht. Sie ließ sich von Tim davonziehen, winkte mir zum Abschied kurz zu. Meine Freundin war ein dummes Huhn, kopflos und leichte Beute für irgendwelche fragwürdigen Tims.

Mit Emmas Telefon in der Hand drängte ich mich durch den Flur, stieg über Alkoholleichen ins Treppenhaus, vorbei an einem keifenden Nachbarn, der mit der Polizei drohte, raus auf die Straße. Ich wählte Jans Nummer. Beim fünften Klingeln nahm er ab, laute Musik ertönte im Hintergrund. Er war offensichtlich in einem Club. Jan hatte keine Ahnung, was ich wollte, er hatte natürlich nicht Radio gehört, also umriss ich ihm kurz die Lage.

»Du ahnst ja gar nicht, was du mit deiner SMS angerichtet hast ... bitte, komm vorbei. Wenn du kein totales Arschloch bist, musst du kommen, Emma zuliebe. Ich brauche deine Hilfe!« Ich setzte mich auf die Stufen und wartete, während Betrunkene an mir vorbei in verschiedene Richtungen stolperten. Eine halbe Stunde später stand Jan tatsächlich vor mir im Treppenhaus. Unsicher schaute er mich an. »Was ist denn los? Ich glaub nicht, dass Emma auf mich hören wird …«

»Lass es uns versuchen!« Ich nahm ihn an der Hand und zog ihn durch die Menschen, auf der Suche nach Emma. Wir entdeckten sie im Flur, Tim hing über ihr und hatte eine Hand von unten und eine von oben in ihr Kleid geschoben. Aufdringlich befummelte er sie. Der Typ mit dem kleinen Rucksack stand daneben und filmte die beiden mit seiner Handykamera. In diesem Moment rutschte Tim an Emma runter und rollte ihr Kleid über ihre Hüften. Es sah aus, als wolle er unter ihren Rock kriechen. Der Typ mit dem Rucksack zuckte wild und ging noch näher ran. Ob ich uns morgen alle auf YouTube sehen würde? Ich schubste den Rucksacktyp zur Seite und rüttelte an Emmas Schulter. Betrunken blinzelte sie mich an, dann sah sie Jan. Ihr Kiefer klappte runter, sie riss entsetzt die Augen auf und taumelte dann zwei Schritte zur Seite. Tim, der noch immer kniete, fiel zur Seite. Emma torkelte auf das Sofa zu, wo sie sich schwer fallen ließ und in sich zusammensank.

»Jan? Du … du bist doch gar nicht eingeladen …«, stammelte sie, dann brach sie in Tränen aus. Sie tat mir schrecklich leid, doch genau das hatte ich beabsichtigt. Meine Schocktherapie zeigte Erfolg. Emma saß weinend auf dem Sofa, ihre Gäste waren ihr von einem Moment auf den anderen vollkommen egal. Tim funkelte uns böse an und verschwand in der Menge.

»Kümmerst du dich kurz um sie?«, bat ich Jan, dann drehte ich die Musik aus, schaltete die Lichter an und rief das Ende der Party aus. »Die Polizei kommt gleich!«, schrie ich, schubste, zerrte und schleifte die Gäste aus der Wohnungstür. Nach nur zehn Minuten war die Wohnung leer. Es sah grauenhaft aus, doch das war erst mal egal. Die Menschentraube stand nun auf der Straße vorm Haus. Auch Jan ging recht bald wieder, mit sichtlich schlechtem Gewissen, nachdem er etwas ratlos meinen Dank entgegengenommen hatte. Schade, dass er Schluss gemacht hatte, er schien wirklich ganz nett zu sein … Ich nahm die wild schluchzende Emma an der Hand und führte sie in das Zimmer ihrer Mutter, das zum Glück immer noch abgeschlossen war. Eine Oase der Ruhe und der Ordnung in diesem Chaos. Emma fiel aufs Bett, schniefte noch einmal und schlief dann sofort ein. Ich schmiegte mich an meine Freundin, wir würden morgen aufräumen. Morgen würde ich ihr auch wieder bereitwillig Taschentücher und Schokolade reichen.

Die 13. Todsünde des Sex: Lächerlichkeit

EINFACH WIDERLICH

Eva (25), Assistentin, Berlin
über
Marius (27), Germanistikstudent, Berlin

Marius war nicht gerade meine große Liebe. Das war klar, schon als ich ihn das erste Mal sah. Er saß neben mir in der U-Bahn, las in einem grünen Reclam-Bändchen, das ich durch die Farbe als Lektürehilfe identifizieren konnte und das ihn nicht gerade zu fesseln schien. Er sah nett aus, aber unverkennbar ein Germanistikstudent, blass und schlecht rasiert, vereinzelte dunkle Fliegenbeine verunzierten seinen Hals und seine Wangen. Über die vergilbten Seiten warf er mir unablässig Blicke zu, bemüht unauffällig, also tat ich, als bemerke ich es nicht. Die U-Bahn stand schon seit geraumer Zeit, ohne ersichtlichen Grund und ohne Durchsage, es war stickig, kalt und düster und ich musste ständig gähnen. Gelangweilt musterte ich mein Spiegelbild in der dunklen Scheibe.

»Wahrscheinlich ein Personenschaden«, wandte sich mein Sitznachbar irgendwann an mich. Er setzte eine kleine Pause und fügte dann erklärend hinzu: »So nennt man es, wenn jemand auf die Gleise springt.« Das wusste ich schon seit meiner ersten Woche in Berlin – und damals lebte ich bereits seit fast drei Jahren in Kreuzberg. Dennoch nickte ich höflich und interessiert. Ich kann nicht anders. Meine Eltern haben bei meiner Erziehung großen Wert auf Höflichkeit gelegt und obwohl ich mich damit regelmäßig lächerlich mache, kann ich meine gute Erziehung nicht ablegen. Noch immer bedanke ich mich artig, wenn der Hausmeister schimpft, weil mein Fahrrad im Weg steht, und wenn mich jemand anrempelt, entschuldige ich mich galant. Spricht mich jemand an, obwohl ich mich nicht unterhalten möchte, antworte ich jederzeit freundlich. So auch bei Marius, der mir nun eingehend von seiner Seminararbeit erzählte. Wie können Studenten bloß auf die Idee kommen, dass sich irgendjemand derart eingehend für ihre Studieninhalte interessieren könne? Das bürgerliche Trauerspiel – zudem nicht gerade ein Thema, mit dem man einen Saal zum Toben bringt. Aber er war nett und sehr bemüht, stellte mir viele Fragen. Auch schien er mich unbedingt beeindrucken zu wollen. Als ich aussteigen musste, schenkte er mir eine politisch aussehende Zeitung, in der er einen kleinen, neongelb markierten Artikel veröffentlicht hatte, und erbat meine Nummer. Fünf Minuten nach dem Abschied erhielt ich die erste SMS. Er habe sich gefreut, mich kennenzulernen.

In der nächsten Woche schickte mir Marius eine SMS nach der anderen. Er schrieb kleine Gedichte, humorvolle Kommentare, und ich antwortete ihm. Seine Worte gefielen mir immer besser. Bald freute ich mich jeden Morgen darauf, auf mein Handy zu sehen, was er in der Nacht wohl geschrieben hatte. Nach ein paar Tagen überredete er mich zu einem nächtlichen Spaziergang. Ich wohne nicht weit vom Teufelssee, eine wirklich schöne Gegend, und doch war es das erste Mal, dass mich ein Mann zu einem Spaziergang einlud. Marius holte mich an der Bushaltestelle ab, wir liefen die dunkle Straße entlang in den Wald hinein. Es war ein wenig gruselig, im Herbst waren um diese Zeit keine anderen Spaziergänger unterwegs. Da ich in der Dunkelheit ständig über Wurzeln stolperte, hakte ich mich bei Marius unter. Wir lachten viel und so ohne Licht fand ich ihn auch recht attraktiv. Nach einer Stunde brachte er mich zurück und küsste mich zum Abschied an der Bushaltestelle. Ein kurzer, überaus feuchter Kuss, aber das verdrängte ich schnell.

Am nächsten Abend lud er mich ins Kino ein. Wir besuchten ein Programmkino, den Film hatte Marius ausgewählt: *Secretary*. Ich hatte schon einiges davon gehört, aber nach der ersten halben

Stunde saß ich wie erstarrt vor der Leinwand. Ab und an kommentierte Marius die Szenen, dann wurde mir seine Anwesenheit wieder bewusst und ich wand mich peinlich berührt auf meinem Sitz. Es war ein wenig wie früher, wenn ich mit meinen Eltern ferngesehen habe und plötzlich unvorhergesehen sexuelle Handlungen oder auch nur Andeutungen über den Bildschirm flimmerten. Ich habe mich jedes Mal fast zu Tode geschämt. Mit Marius, den ich ja noch nicht lange kannte, war es ähnlich. Zweimal griff er nach meiner Hand, doch ist *Secretary* definitiv kein Film zum Händchenhalten, also verschränkte ich demonstrativ die Arme.

Anschließend gingen wir etwas trinken, ich wollte keinesfalls über den Film sprechen, doch Marius ließ sich nicht ablenken und fragte unentwegt nach meiner Meinung. Trotzdem stimmte ich nach einem Glas Wein zu, noch mit zu ihm zu gehen. Ich hatte damals noch nicht allzu viel Erfahrung und war vor allem neugierig. Aber auch hin und her gerissen. Einerseits gefiel Marius mir, andererseits vielleicht nicht gut genug, denn immer wieder störte mich irgendetwas an ihm und ich fühlte mich nicht wirklich wohl.

Vieles, was ich tue, geschieht aus Neugier, oder sogar aus Langeweile. Im Nachhinein hätte ich mir so einiges sparen können! Ich hoffe, das nimmt ab, je älter ich werde. Und eines Tages gehe ich nur noch mit Männern mit, um Spaß zu haben und nicht mehr, um Erfahrungen zu sammeln. Leider bin ich noch nicht so weit.

An diesem Abend war Marius gut rasiert und sah gleich viel niedlicher aus. Kurze Zeit später saß ich mit ihm auf seinem Sofa und hielt ein weiteres Glas Wein in der Hand. Leise lief Massive Attack, wir unterhielten uns, während seine Hand auf meinem Knie lag und langsam nach oben rutschte, um dort fahrig meinen Rocksaum zu befingern. Marius war offensichtlich angespannt. Dann küssten wir uns, und ich versuchte wieder zu ignorieren, dass seine Zunge sich ein wenig zu weich und zu feucht anfühlte. Ich küsste lieber seinen Hals, das war besser.

Marius' Hände glitten unter meinen Pullover, schoben sich in meinen BH. Auch seine Finger waren feucht und klamm, ich merkte, wie aufgeregt er war. Während wir so gegenseitig unsere Hälse küssten, streichelte er mit seinen klammen Fingern meinen Rücken hoch und runter, wobei er mit seinen splittrigen Fingernägeln in meinem Lieblingsoberteil hängen blieb und Fäden aus dem empfindlichen Stoff zog. Also half ich bereitwillig, als er Anstalten machte, mir den Pullover über den Kopf zu ziehen. Je weniger wir anhatten, desto aufgeregter und hastiger wurde er. Ich dagegen distanzierte mich immer mehr von dem Geschehen und betrachtete uns beide mittlerweile wie ein Außenstehender. Und mit Befremden. Herrje, was tat ich da wieder? Ich wünschte mich weit weg. Was hatte ich da bloß angefangen? Und wie kam ich da nur wieder raus?

Marius' Atem ging immer schneller. War das Erregung oder Nervosität, ich konnte es nicht sagen. Ich blinzelte vorsichtig, er hielt er seine Augen krampfhaft geschlossen, auch seine Augenlider zuckten nervös. Bloß kein Blickkontakt. Durch halbgeschlossene Lider blickte ich mich um. Beim Entkleiden waren wir aus Platzgründen auf den Boden gerutscht, nun saß ich gegen das Sofa gelehnt, Marius kauerte breitbeinig über meinem rechten Oberschenkel. Neben uns lag seine zerknüllte Jeans, aus deren Hosentasche deutlich sichtbar ein einzelnes Kondompäckchen gerutscht war. Marius trug weißlichgraue Stoffshorts, die aussahen, als hätte er – oder noch schlimmer, als hätte seine Mutter – sie vom Grabbeltisch. Auf der Vorderseite des Stoffs zeigte sich ein feuchter Fleck. Diesen drückte Marius mir jetzt gegen mein Bein. Es fühlte sich unangenehm feucht an, war das sein Vorspiel? Zurückweichen ging nicht, da ich das Sofa im Rücken hatte. Ich öffnete die Augen ganz und betrachtete Marius, der über mir kniete und mit seinem Becken auf meinem Bein hin und her rutschte. In seinem Bauchnabel hatten sich Fussel gesammelt. Warum halten so viele Männer eigentlich ihre Bauchnabel nicht sauber? War das zu viel verlangt? Verfusselt, verkrümelt, vermilbt … Jetzt verfiel er in ein wieselhaftes Rammeln, das sich an Geschwindigkeit immer mehr steigerte. Er rammelte meinen Oberschenkel! Das Gesicht hatte er dabei grimassenartig verzerrt, sein Mund war ein fratzenhaftes Greinen. Marius sah aus wie ein Karnickel. Ein hässliches, tollwütiges Karnickel. Ich stieß ihn von mir weg.

»Ich muss mal ins Bad!«

Marius öffnete erschrocken die Augen. Er sah aus, als hätte er meine Anwesenheit mittlerweile ganz vergessen. Ich sprang auf und flüchtete ins Badezimmer, wo ich mir kaltes Wasser ins Gesicht spritzte.

»Was soll das?«, fragte ich mein Spiegelbild, doch es verzog nur angewidert das Gesicht.

»Ich muss jetzt nach Hause«, sagte ich schnell, als ich das Zimmer wieder betrat. Marius sah verwirrt aus. Er hatte zum Glück wieder ein T-Shirt angezogen, und stand jetzt in Socken und T-Shirt mitten im Zimmer, während ich mich anzog. Nervös knotete er seine Finger ineinander und kratzte sich mit dem linken Fuß am rechten Schienbein. Er sah aus wie ein Kind aus Dingsda, das sich beim Beschreiben eines Wortes windet, und es kostete mich ein wenig Überwindung, ihn zum Abschied noch mal kurz an mich zu drücken.

»Mach's gut!«, rief ich beherzt, während ich aus der Wohnung lief und mich innerlich schüttelte.

Die 14. Todsünde des Sex: Grobheit

Blümchensex

Laura (34), Schauspielerin, Berlin
über
Greta (36), Vertriebsleiterin, Berlin

Ich wollte schon immer gerne einmal mit einer Frau schlafen. Ich bin von Natur aus neugierig und wie soll ich wissen, ob ich nicht etwas verpasse, wenn ich es nicht ausprobiere. Ab und an habe ich mit einer Freundin geknutscht, aber nur auf Partys oder in Clubs. Dabei hatte ich jedoch immer das Gefühl, dass meine Freundinnen sich nur mit mir vergnügten, um männliche Beobachter zu beeindrucken. Das Küssen an sich war nicht sexuell gemeint. Also habe auch ich mich zurückgehalten, denn ich wollte meine Freundinnen nicht überfordern oder unangenehm bedürftig erscheinen.

Also entschied ich, eine Party nur für Frauen aufzusuchen. Dort würde ich bestimmt jemanden finden, der sich in Liebesdingen auskannte. Da ich mich prinzipiell gerne an Spezialisten wende, schien mir das der beste Weg zu sein. Am liebsten in einer dieser verruchten Lokalitäten, wo in Himbeerlikör getränkte Tampons durch die Luft fliegen und keine allein nach Hause gehen muss. Ich hab bei Google »Frauen«, »Party« und den Namen meiner Stadt eingegeben und sehr bald etwas Vielversprechendes gefunden. Die Kleiderfrage war ebenfalls schnell gelöst. Ich überlegte kurz, meinen eigenen Klischees zu folgen, also meine Haare zu gelen und Jeans, ein weißes Feinrippunterhemd und keinen BH anzuziehen, entschied mich aber dagegen und kleidete mich einfach wie immer. Dann bin ich los. Vor dem Laden wurde mir doch ein bisschen mulmig. Als ich eintrat, hatte ich das Gefühl, ein großes Schild mit der Aufschrift »Frischfleisch« leuchte über meinem Kopf. Unzählige Frauenaugen beäugten mich. Natürlich bildete ich mir das nur ein, in Wirklichkeit interessierte sich niemand für mich, dennoch ging ich entsprechend verunsichert zur Bar und bestellte mir Wodka. Wodka passte in diese Umgebung, außerdem war ich nun doch ziemlich nervös. Die Barfrau meinte es gut mit mir und goss gleich ein größeres Glas voll. Ich kippte es runter, ohne zu husten und bestellte das nächste. Dann sah ich mich um. Es waren tatsächlich ausschließlich Frauen anwesend, einige durchgestylt, einige kurzhaarig und behost, andere feminin mit langen Haaren und Kleidern. Alle hier schienen sich zu kennen, aber das Gefühl hab ich immer, wenn ich allein irgendwo bin. Ich hatte mir noch gar keine Gedanken gemacht, welchen Frauentyp ich eigentlich bevorzuge. Unsicher kletterte ich auf einen Barhocker. Von rechts lächelte mir jemand zu. Ein wurstlippiges Gesicht, alkoholgerötet und dicknasig, also sah ich schnell nach links. Dort stand ein blondes Mädchen mit Pagenkopf und maushaften, aber nicht hässlichen Gesichtszügen. Ich lächelte ihr zu und sie lächelte zurück, als hätte sie sich schon den ganzen Abend auf mich gefreut. Läuft doch, ermutigte ich mich und versuchte ein Gespräch mit ihr zu beginnen.

»Bist du öfter hier?«, begann ich schlagfertig.

»Nein, na ja, doch, manchmal, also nicht immer, aber …« Sie brach ab und blickte sich nervös um.

»Aha«, sagte ich noch, dann sprang eine große, dünne Frau auf uns zu, ihr langer, sommersprossiger Arm schoss nach vorne und ergriff die Blonde am Handgelenk.

»Hallo, ich bin Laura«, wollte ich mich vorstellen, um die Situation zu retten, doch die Gestalt bleckte nur kurz die Zähne in meine Richtung und zog ihre Beute dann unsanft fort. Soso, auch Frauen konnten also eifersüchtig sein. Ich saß noch eine Weile am Tresen und hoffte, dass mich jemand ansprechen würde. Mittlerweile wäre ich für ein wenig Aufmerksamkeit doch dankbar gewesen. Vergeblich. Später auf der Toilette kam ich mit einer hübschen Rothaarigen ins Gespräch. Schnell fand ich heraus, dass auch sie wenig Erfahrung und ähnliche Beweggründe wie ich hatte, hier zu sein. Zwar hatte ich eigentlich einen Profi gesucht, doch fand ich Mimis unsichere Art sehr anziehend und bald saßen wir gemeinsam am Tresen, tranken Wodka und beobachteten die anderen Gäste. Mit einer Freundin an der Seite machte das alles schon bedeutend mehr Spaß und so orderte ich bald Runden für uns und das Barpersonal und enterte sogar mit Mimi die Tanzfläche. Wir verstanden uns blendend, hatten wahnsinnig viel Spaß ... dann war Mimi verschwunden. Gerade hatte sie noch am Rand der Tanzfläche gestanden und mir zugelächelt, im nächsten Moment war sie weg und auch ihre Tasche und Jacke lagen nicht mehr am Tresen. Sicherlich hatte sie der Mut verlassen, aber einfach so wegzugehen, ohne sich zu verabschieden ... Ernüchtert sank ich auf meinen Hocker und biss in mein Glas.

Diesmal blieb ich nicht allzu lang allein. Eine große Frau mit gewagtem Stufenschnitt setzte sich neben mich, nickte der Tresenfrau zu, und sofort standen zwei Kurze vor uns.

»So allein?«, fragte sie. Die besseren Sprüche hatten die Frauen bisher schon mal nicht drauf, dachte ich und grinste. Erfreut lächelte mein Gegenüber zurück und rückte gleich noch ein Stückchen näher an mich ran.

»Ich bin Greta, mich trifft man meist späta!«, schnarrte sie. Ich blinzelte irritiert, doch Greta lachte: »Kleiner Scherz, guck ma nich so!«

Ich beschloss, Greta lustig zu finden. Wir tranken und schnackten. Ich glaube nicht, dass wir uns sonderlich tiefsinnig unterhielten, aber auch nicht sonderlich platt. So beschloss ich auch noch, ihre Züge apart und nicht herb zu finden. Sie war schlank, etwas älter als ich, ihre Kleider wirkten geschmackvoll und teuer. Greta strahlte eine lässige Ruhe aus, die mir gefiel. Wenn sie nicht gerade einen ihrer grenzwertigen Witze riss ... Greta war schon eher der Experte, den ich suchte, das stand fest und so ließ ich mich nach einer Stunde widerspruchslos an der Hand nehmen. Wir gingen zu Fuß zu ihr, Greta wohnte nur zwei Straßen entfernt. Als sie ihre Wohnungstür aufschloss, schlug mir ein kalter Nebel abgestandenen Rauchs entgegen.

»Könnt' auch mal wieder lüften«, murmelte Greta. Mein Nicken war überflüssig. Zu dem Nebel verschlossen mir jetzt auch Gretas Lippen den Mund, die sie auf meine presste und mich fest an sich zog. So hatte ich mir das alles nicht vorgestellt!

»Moment mal ...« Ich schob sie unsanft zurück. »Können wir vielleicht erst Musik anmachen, ein paar Kerzen womöglich, uns aufs Sofa setzen und unterhalten?« Ich war entrüstet, meine Stimme klang schrill.

»Oh ja, entschuldige ... tut mir leid, ist halt so meine Art, immer mit der Tür ins Haus.« Greta war offensichtlich beschämt, das versöhnte mich wieder ein wenig. Sie machte sich sogleich daran, meine Auflagen zu erfüllen, während ich mich in ihrer Wohnung umsah. Sie war geräumig, eigentlich geschmackvoll eingerichtet, aber erstaunlich unordentlich. Überall waren Bücherstapel und voll gestopfte Buchregale. Wer so viel las, konnte nicht verkehrt sein.

»Kommst du zu mir?« Greta saß mit zwei Weingläsern vor sich auf einem einladend aussehenden dunklen Samtsofa, vor ihr auf dem Tisch brannten mehrere Teelichte und es lief leise Musik – na also. Ich war kurz davor gewesen, mich – wie zuvor Mimi – einfach aus dem Staub zu machen. Ich setzte mich zu Greta. Etwas später küssten wir uns, jetzt war ich auch bereit dafür. Ihre Haut war glatt und sehr weich und sie küsste zart und sinnlich.

»Du bist meine erste Frau«, gestand ich in ihr Ohr flüsternd.

»Wirklich? Du Arme!«, Greta blinzelte ungläubig. Sie sah ehrlich entsetzt aus und schloss für einen Moment fest die Arme um mich.

»Lass uns rübergehen«, flüsterte sie mir ins Ohr und Hand in Hand gingen wir ins Nebenzimmer, wo ein riesiges Bett in der Mitte des Raumes stand. Wenn der Mensch die Hälfte seines Lebens schlief, hatte Greta in diese Hälfte gut investiert. Hier war es weder unordentlich noch staubig, teure Decken und Kissen waren kunstvoll drapiert und sie hatte auch hier Kerzen angezündet. Ein ausladender Schrank stand neben dem Bett, ansonsten war das Zimmer leer. Wir blieben kurz in der Tür stehen, umschlangen einander, dann führte Greta mich zum Bett.

»Deine erste Frau also ...«, sagte sie, während sie abwesend vor sich hinnickte, »... na, ich werde dir mal zeigen, was Frauen so draufhaben.«

Was für ein Machospruch! Und schon griff Greta nach einer meiner Brüste und drückte sie so fest, dass ich protestieren wollte, doch wieder verschloss sie mir den Mund, indem sie mich küsste. Mit sanfter Gewalt schob sie mich zum Bett.

»Lass mich mal machen«, befahl sie. Ich wollte mich aufstützen, doch sie drückte mich zurück auf die Matratze. Ich gab nach und versuchte mich zu entspannen, während sie erst meine Brüste und dann meinen Bauch küsste. Ich wollte ihr über die Haare streicheln, doch sie schob unwillig meine Hand fort. Offenbar wollte sie nicht gestört werden.

»Ksss, ksss«, zischte sie, als ich mich bewegte, so als wäre ich eine Katze beim Tierarzt. So ähnlich fühlte ich mich mittlerweile auch, doch Greta schien das nicht zu merken, unbeirrt setzte sie die Behandlung fort. Greta wusste genau, was Frauen wollen – zumindest glaubte sie das. Als folge sie einem 5-Punkte-Plan, spulte sie ihr Verwöhn-Programm ab, während ich mich nicht entspannen konnte. Sorgfältig und standardisiert arbeitete sie alle Punkte auf ihrer Liste ab. Wild und leidenschaftlich war das alles nicht. Ich lag still und überlegte, was gerade alles falsch lief, während Gretas Zunge sich nun zwischen meine Beine bewegte. Nicht erkundend und spielerisch, sondern bestimmt und konzentriert, sie schnaufte leise und auf ihrer Stirn hatten sich kleine Schweißperlen gebildet. Ich sah weg, an die Decke und zu den Kerzen, die langsam abbrannten. Ich verfluchte meine Neugier, die mich immer wieder in Situationen wie diese brachte.

»Und jetzt warte mal ...«, Greta war offenbar durch, sie ließ von mir ab, sprang auf und ging zu dem großen Holzschrank, öffnete die Türen und begann darin zu wühlen. Mit einem Gegenstand in der Hand verließ sie das Zimmer. Auch ich richtete mich jetzt endlich wieder auf und krabbelte von Neugier erfasst zu dem Schrank, dessen Türen noch immer offen standen. Ungläubig starrte ich in das Möbelstück. Ordentlich aufgereiht lag dort ein wahres Kaufhaussortiment an Zeitschriften absonderlicher Art. Magazine, wie ich sie noch nie in meinem Leben gesehen hatte. Menschen in Latex und in hässlichen Plastikumhängen, die absonderliche Vorlieben zelebrierten, zierten die Cover. Sie fesselten und peinigten einander, schoben sich verblüffende und eigentümliche Gegenstände in verschiedene Körperöffnungen und taten kuriose Dinge, die ich nicht identifizieren konnte und wollte. Okay, Blümchensex war hier wohl nicht angesagt. Ich hatte einen Sex-Profi gesucht, aber das war mir dann doch zu viel. Hatten sich vorher bereits Zweifel geregt, wollte ich nun nur noch einigermaßen würdevoll aus dieser Situation herauskommen. Und schnell.

Ich raffte bereits meine Sachen zusammen, als die Zimmertür sich öffnete. Irgendwie war ich gar nicht überrascht, als ich Greta nackt auf mich zukommen sah. Um ihre Hüften hatte sie einen riesigen Umschnalldildo gegürtet, der bei jedem Schritt grotesk auf und ab wackelte.

»Was machst du? Wo willst du hin?«, fragte sie und klang dabei sehr enttäuscht.

»Es tut mir leid, Greta, ich will nicht, so geht das nicht.«

Kurze Zeit später stand ich im Treppenhaus und atmete tief durch. Das nächste Mal, wenn ich eine Frau kennenlernen will, besuche ich einen Häkelkurs.

Die 15. Todsünde des Sex: Herzlosigkeit

Ältere Rechte

Catherine (22), MTA, Berlin
über
Darek (28), Assistenzarzt, Bonn

Mir zittert die Hand vor Aufregung, als ich das Telefon in seine Halterung zurücklege. Er ist in Berlin, heute Abend werde ich ihn sehen, und wir werden die Nacht miteinander verbringen! Er weiß ja, dass ich noch bei meinen Eltern wohne, also wird er sich wohl um ein Hotelzimmer gekümmert haben, aber danach wollte ich ihn am Telefon nicht gleich fragen, immerhin haben wir uns seit jenem Urlaub nicht gesehen. Warum hat er eigentlich nicht früher angerufen? Bestimmt wusste er schon seit längerem, dass er nach Berlin kommen würde und wir uns sehen würden. Dass er es nicht getan hat, passt zu seiner spontanen Unbekümmertheit, an die ich mich nie gewöhnen werde.

Kennengelernt habe ich Darek vor gut drei Monaten, im Spätsommer, auf einer Schiffsreise. Ich hatte gerade mein Abschlussexamen als medizinisch-technische Assistentin mit gutem Erfolg hinter mich gebracht und wollte mich dafür selbst belohnen. Beim Stöbern im Internet fand ich eine Kreuzfahrt rund um Süditalien, ein Last-Minute-Angebot, das ich mir gerade noch leisten konnte. Außerdem sollte das Publikum eher jung sein, im Schnitt zwischen dreißig und vierzig, hieß es. Also buchte ich.

In Dubrovnik, wo die Reise losging, hatte sich in der Abfertigungshalle am Hafen eine lange Warteschlange vor den Schaltern für die Einschiffung gebildet, und so hatte ich Zeit, meine künftigen Mitreisenden zu mustern. Es war tatsächlich keine Altenfahrt, aber ein bisschen enttäuscht war ich trotzdem.

Fast nur Paare, viele mit kleinen Kindern, kaum jüngere Einzelreisende, jedenfalls nicht männlich. Einige Meter vor mir wartete allerdings ein großer, schlaksiger Typ mit halblangen Haaren und einer auffälligen gebogenen Nase, die seinem Gesicht etwas Kühnes, Raubvogelhaftes verlieh. Auch er schien die Wartenden zu taxieren. Dabei trafen sich unsere Blicke für einen kurzen Moment, und über sein Gesicht huschte die Andeutung eines Lächelns, das ich erwiderte. Aber dann war er mit der Abfertigung an der Reihe, und ich verlor ihn aus den Augen.

Nachdem ich mich in meiner hübschen Kabine mit dem relativ breiten Bett eingerichtet hatte, stieg ich hinauf in den großen Speisesaal. Langsam, jeden Blickkontakt mit älteren Männern, die mich möglicherweise zum Platznehmen hätten auffordern können, vermeidend schlenderte ich durch die Tischreihen, auf der Suche nach einem Tisch mit Leuten meiner Kategorie. Offenbar hatte ich mich aus Angst vor einer Aufforderung von falscher Seite doch nicht genügend umgeschaut, denn plötzlich stand ich vor dem Schlaksigen mit der kühnen Nase. »Hier ist noch Platz«, sagte er mit einer weichen Stimme, die mir einen wohligen Schauer über den Rücken rieseln ließ. »Wenn du willst, setz dich zu uns.« Ich wollte. »Ich bin Darek, und das ist mein Freund Thomas«, stellte er sich und den neben ihm stehenden Jungen vor. Also setzte ich mich zwischen die beiden, und sofort kamen wir ins Gespräch, das wir auch nicht unterbrachen, als wir mehrmals gemeinsam ans Büfett gingen.

Darek arbeitete als Assistenzarzt an einer Bonner Klinik und hatte bis vor einem Jahr in Berlin studiert. Er kannte sich in Berlin sehr gut aus, offenbar besser als ich. Er habe noch einige gute Freunde in Berlin, die er ab und zu besuche, wenn es seine wenige Freizeit erlaube, erzählte er. Ich glaube, schon in diesem Moment kam mir der noch völlig absurde Gedanke an ein Wiedersehen mit ihm in Berlin.

Nach dem Essen – die anderen am Tisch, auch Thomas, waren verschwunden – stiegen Darek und ich auf das Oberdeck, wo eine laute kubanische Band Son, Reggae und Bossanova spielte. Es war eine warme Nacht, und ich fühlte mich wie in einem Traum. Wir tanzten, ich schmiegte mich an ihn, und wieder war da dieses wohlige Geriesel über meinen Rücken. Zwischendurch tranken wir an der Bar riesige, teure Cocktails, die Darek auf seine Bordkarte buchen ließ, bis ich das Gefühl hatte, auf Watte zu gehen – oder zu tanzen. Es wurde schon hell, als Darek sagte: »Lass uns gehen!«

Wohin wir gehen würden, war uns beiden klar, nämlich in meine Kabine. Dort rissen wir uns gegenseitig die wenigen Kleider vom Leib und versanken in einem Taumel von Trunkenheit, Leidenschaft und karibischer Musik. Er war fordernd und drängend und zugleich rücksichtsvoll und zärtlich. Ich weiß nicht mehr, wie oft er mich zum Höhepunkt brachte, bis wir eng umschlungen einschliefen. Noch nie hatte ich eine solche Liebesnacht erlebt!

Am nächsten Morgen – das heißt, es war schon fast Mittag, als wir aufstanden, nicht ohne uns nochmals ineinander zu versenken, um im Schiffsjargon zu bleiben – packte Darek seinen Koffer, ließ seinen Freund Thomas in der Doppelkabine zurück und zog bei mir ein. Von da an waren wir unzertrennlich. Wir konnten nicht voneinander lassen, wir waren unersättlich. An den Tagen, an denen das Schiff nirgendwo anlegte, blieben wir bis mittags im Bett, liebten uns, frühstückten, quatschten, lachten, tranken Champagner. Es war herrlich!

Ich war verliebt, und ich glaube, es war die glücklichste Zeit meines Lebens. Nur ist Glück niemals endlos, und der Gedanke an das Ende dieser Reise, an die Trennung überkam mich immer wieder wie eine dunkle Gewitterwolke, die am klaren Horizont eines schönen Sommertags heraufzieht.

Darek schienen solche Gedanken nicht umzutreiben, obwohl ich mir sicher war, dass er mich sehr mochte. Es konnte nicht anders sein, wir passten doch perfekt zusammen und ineinander.

»Werden wir uns wiedersehen, wenn das hier vorbei ist?«, fragte ich ihn, als wir an einem goldgelben Sandstrand auf Sardinien lagen. Ich hatte seinen Kopf auf meinem Schoß, ein lauer Wind fächelte angenehme Kühlung, vor uns schimmerte ein türkisfarbenes Meer, aus dem in der Ferne eine bizarre Felsinsel ragte, eine Kulisse wie aus dem Reiseprospekt.

»Na klar! Ich denke schon. Ich bin ja immer mal wieder in Berlin.« Zu meiner Verwunderung schien er sich darüber bis zu diesem Moment noch keine Gedanken gemacht zu haben, und ich fragte nicht weiter. Überhaupt schien er von einer völligen Sorglosigkeit zu sein, die mich immer wieder in fassungsloses Erstaunen versetzte. Nicht nur alltägliche Kleinigkeiten wie ein verpasster Bus, ein misslungenes Essen im Restaurant oder ein schlitzohriger Taxifahrer ließen ihn völlig kalt. Auch sonst schien er keine unüberwindbaren Probleme zu kennen. Über seine Arbeit in der Klinik sprach er höchstens voller Ironie oder Sarkasmus, nie über bedrückende, schwer zu verarbeitende Erfahrungen, wie sie in einem Krankenhaus an der Tagesordnung sein müssen. Vielleicht eine Art rheinischer Leichtigkeit, die mir als Preußenkind unverständlich und unzugänglich war.

Andererseits war Darek ein intelligenter Unterhalter, der witzige und geistreiche Geschichten von sich gab, so unerschöpflich wie ein Politiker unverbindliche Allgemeinplätze. Er war belesen und wusste zu jedem Thema etwas beizusteuern, wobei mir manchmal unklar war, ob das was er erzählte, wahr oder von ihm frei erfunden war.

In Malta saßen wir auf den hellen Sandsteinbastionen von Valetta, die im Abendsonnenschein golden leuchteten. Darek erzählte mir von den Rittern des Johanniterordens, die in Jerusalem die Ungläubigen massakriert hatten und, vom Kalifen Saladin verjagt, sich zunächst nach Zypern und Rhodos und schließlich, unter dem Druck der Türken, hierher zurückziehen mussten. In Palermo schleppte er mich in die Keller des Kapuzinerklosters, wo die wohlhabenden Bewohner von Palermo über Jahrhunderte ihre Toten beigesetzt hatten, die offenbar wegen der trockenen Luft nicht verwesten. In den langen Gängen glotzten uns schwarz-braun mumifizierte Leichen, Männer, Frauen und Kinder, teils in kostbare, altmodische Gewänder gehüllt, aus ihren leeren Augenhöhlen an. Mir war bei dieser tausendfachen Darstellung der Vergänglichkeit nicht wohl, aber Darek schien einen ausgeprägten Hang zum Makaberen zu haben. So zeigte er mir in der Krypta einer Grabkapelle im Gassengewirr von Neapel die Skelette eines Mannes und einer Frau, die nur aus versteinerten Adern bestanden. Ein forschungsbesessener Adeliger des achtzehnten Jahrhunderts soll den bedauernswerten Opfern eine bis heute nicht bekannte Flüssigkeit injiziert haben, die in ihren Adern erstarrte, während alles übrige Gewebe zerfiel. Handelte es sich um seine Hausangestellten? Geschah das alles freiwillig oder unter Zwang oder Betäubung? Darauf konnte mir selbst mein viel wissender Darek keine Antwort geben. Aber es gefiel ihm, mich mit solchen Skurrilitäten zu erschrecken.

Am Morgen unseres letzten Tages wachte ich sehr früh auf. Eine schroffe Felsenküste, bestanden mit Pinien, Feigenkakteen und wenigen ockerfarbenen Häusern, zog nicht weit entfernt am Kabinenfenster vorbei. Es würde wieder ein schöner sonniger Tag werden. Darek schlief noch fest. Lange betrachtete ich sein schönes Raubvogelgesicht, um mir jeden seiner Züge einzuprägen. Ne pourrons nous jamais sur l'océan des âges jeter l'ancre un seul jour? Diese Zeile aus einem Gedicht de Lamartines, das wir in der Schule auswendig gelernt hatten, ging mir durch den Kopf. Gibt es denn wirklich keinen Weg, Momente des Glücks auszudehnen oder wenigstens besser zu nutzen? Wohl nur, indem wir uns Erinnerungen schaffen. Und das wollte ich mit aller Kraft.

Dann ging alles sehr schnell. Wir schliefen ein letztes Mal miteinander, und es war fast so schön wie am Anfang, nur viel trauriger, für mich jedenfalls. Beim Packen weinte ich ein paar Tränen in meinen Koffer, aber so, dass Darek es nicht bemerkte. Am Flughafen dann eine letzte Umarmung, ein langer Kuss und ein paar belanglose Worte. Als wir jeder zu seinem Ausgang strebten, drehte ich mich noch einmal um, aber Darek war bereits im Menschengewühl verschwunden.

Heute ist Samstag, und ich muss nicht zur Arbeit. Wie häufig am Samstag gehe ich mit meiner Mutter einkaufen, wir bummeln durch die Geschäfte, aber ich bin nicht bei der Sache. Ich vertrödele den Rest des Tages, überlege, was ich anziehe, bade, schminke mich, alles wie in Trance. Unbändige Freude und ängstliche Erwartung zerren an meinen Nerven. Werden wir einander noch so vertraut sein wie auf der Reise?

Gegen halb neun, endlich, klingelt es an der Haustür. Wir wohnen im dritten Stock, und da ich Darek erst später meinen Eltern vorstellen möchte – warum weiß ich eigentlich auch nicht –, gehe ich hinunter, statt ihn heraufzubitten. Eigentlich hatte ich Darek allein erwartet, und deshalb bin ich ein wenig enttäuscht, als sein Freund Thomas, den ich ja schon vom Schiff her kenne, und ein großes, dünnes Mädchen mit langen blonden Haaren neben ihm stehen.

»Das ist Anne«, stellt Darek die dünne Blonde vor. Mich begrüßt er mit einer Umarmung wie eine gute, alte Bekannte – aber auch nicht mehr. Er schlägt vor, in einen Club in Berlin-Mitte zu fahren, den ich nicht kenne. Dareks – oder ist es Thomas'? – Auto steht direkt vor unserer Haustür. Darek hält mir die Tür zum Beifahrersitz auf, und ich steige ein. Aber dann setzt sich Thomas neben mich ans Steuer, während Darek sich mit der langen Blonden auf die Rücksitze verkriecht. Was soll das? Ich drehe mich nach hinten, um Darek fragend anzusehen, aber es gelingt mir nicht, in Blickkontakt mit ihm zu kommen. Schweigend fahren wir in die Innenstadt.

Es ist ein teurer, eleganter Club, und die Musik hätte mir eigentlich auch gefallen, aber ich bin zu verwirrt, um darauf zu achten. Wir setzen uns an die Bar, ich sitze zwischen Darek und Thomas, aber Darek dreht mir den Rücken zu und redet ununterbrochen auf die Blonde ein. Sie scheinen sich blendend zu verstehen. Dann gehen die beiden auf die Tanzfläche und tanzen miteinander, erst ekstatisch, dann eng umschlungen. Ich lasse mir meinen Ärger nicht anmerken und unterhalte mich mit Thomas über belangloses Zeug. Er ist ein freundlicher, etwas langweiliger Junge, aber er hat überhaupt nichts von dem, was einen Mann für mich anziehend macht. Er ist einfach nicht mein Typ.

Als die beiden anderen von der Tanzfläche zurückkommen, geht die Blonde zur Toilette, und Thomas steht mit jemandem, den er zufällig getroffen hat, ein paar Meter entfernt. Für einen Moment bin ich mit Darek allein.

»Was ist hier eigentlich los?«, zische ich ihn an.

»Wieso? Ach ja, Anne, die kenne ich schon länger. Wir waren zusammen, als ich noch in Berlin studiert habe. Sie hat halt ältere Rechte.« Das sagt er so leicht dahin, als ob er über das schlechte Wetter in Berlin rede. »Aber ich dachte, du kannst dich ein bisschen um Thomas kümmern. Er könnte es gebrauchen, und er ist wirklich nett.«

Ich bin entsetzt, beschämt, verletzt und fühle, wie mir das Blut in den Kopf steigt. Es ist wie ein Faustschlag in die Magengrube. Mir fehlen die Worte, und ich bemühe mich, einen aufsteigenden Brechreiz zu unterdrücken. Stumm drehe ich mich um und renne zur Garderobe. Scheiße, er hat noch meine Marke. Also muss ich noch einmal zu ihm zurück. »Gib mir bitte meine Garderobenmarke!«

»Nun stell dich doch nicht so an. Du nimmst alles viel zu schwer. Sei doch mal etwas lockerer.« Er zieht eine Grimasse, weil ich so anstrengend bin.

»Die Garderobenmarke, bitte!« Er gibt sie mir, und es gelingt mir sogar noch, beim Hinausgehen dem Türsteher freundlich zuzunicken, bevor ich auf der Straße losheule. So ein gefühlloses Arschloch! Im Wissen, dass ihm unser Zusammensein nichts bedeutet hat und ich völlig austauschbar war, irgendwo in einer Hierarchie zwischen älteren und jüngeren Rechten stehe, ist die Erinnerung verdorben und bitter. Vorher so wunderbar, ist es jetzt der schlechteste Sex, den ich je gehabt habe. Tränenüberströmt steige ich in ein Taxi, das glücklicherweise gerade seine Fahrgäste in den Club entleert.

»Liebeskummer? Lass den Kerl laufen, Mädchen! Es kommen noch andere«, versucht der joviale, ältere Taxifahrer mich zu trösten.

Die 16. Todsünde des Sex: Unerfahrenheit

Ich glaub, das war's schon

Angie (51), Gesangslehrerin, Dortmund
über
Till (52), Journalist, Marburg

Obwohl Till und ich seit Jahren in dieselbe Klasse gingen, faszinierte er mich noch immer. Mein Herz klopfte, wenn er mir nahe kam. Er war ein schlanker, großer, blonder Junge, etwas nachdenklich, aber trotzdem lustig. Und politisch sehr engagiert, was mir natürlich gefiel. Er produzierte die anarchistische Schülerzeitung *Pflasterstein*. Es war 1975 und ich war siebzehn Jahre alt.

Im Sommer dieses Jahres kamen wir zusammen. Till hatte mir in der Klasse einen Zettel zugeworfen und mich nach der Schule in ein Eiscafé eingeladen. Im Café haben wir uns ziemlich bald geküsst. Es war eine schöne Zeit. Mit seinem kleinen Mokick brausten wir über die buckligen Landstraßen zwischen Ammersee und Starnberger See. Wir badeten in der Würm. Dazu überstiegen wir den Zaun, der sich um den verwilderten Park von Schloss Leutstetten zog, schlichen am Ufer entlang, verstohlen um uns blickend, ob uns denn auch niemand bemerkt hatte. An einer schönen Uferstelle angekommen, zogen wir unsere Kleider aus und glitten ins warme, träge Wasser der Würm. Sie war an dieser Stelle wie ein Urwaldfluss. Herrlich. Nachdem wir wieder ans Ufer geklettert waren, froren wir ein wenig und rieben unsere nassen Körper wärmespendend aneinander. Wir küssten uns, Till berührte meine bleichen, kleinen Brüste und streichelte sanft meine harten Brustwarzen. Lachend rubbelten wir uns mit unseren Handtüchern trocken. Später tranken wir in der Schlossgastwirtschaft noch ein Bier auf unsere Abenteuer. An diesem Nachmittag, in diesem verwilderten Schlosspark, am Ufer der Würm, hätte ich gerne mit ihm geschlafen. Ich hatte so etwas noch nie gemacht, aber zu gern hätte ich mit Till meine Jungfräulichkeit verloren. An diesem Tag hatten wir uns nicht getraut, doch der Plan war gefasst.

Hinderlich war, dass unsere Eltern uns nicht erlaubten, gemeinsam Zeit miteinander zu verbringen. Zumindest nicht zu zweit. Wenn Till mich besuchte, musste er auf trockenem Kuchen herumkauend den Stricktipps und Anekdötchen meiner Mutter lauschen und wenn ich Till besuchte, wurde stets aufs Neue das Fotoalbum der Familie hervorgeholt und im großen Kreis bewundert. Widrige Umstände, wenn man sexuelle Erfahrungen sammeln möchte.

In einem Maisfeld zwischen Seefeld und Drössling wälzten wir uns ein paar Tage später in koitusverdächtiger Stellung zwischen den Maispflanzen. Nur die Kleidung war einem Vollzug im Wege. Wir waren kurz davor, uns auszuziehen, trauten uns aber noch immer nicht.

Und dann gegen Ende des Schuljahres kam das Ende unserer jungen, für mich so hoffnungsvollen Liebe. Unvermittelt, kalt und obszön. Till teilte mir mit, dass er das ungeliebte Gymnasium verlassen werde, um einen proletarischen Beruf zu ergreifen. Schriftsetzer wolle er werden! In den Sommerferien werde er mit seinem besten Freund Mark eine Tramptour nach Griechenland machen, ja und dann hätte ich in seinem neuen Leben keinen Platz mehr! Täte ihm sehr leid! Mit schuldbewusster Miene blickte er mich an, im Geist jedoch voller Vorfreude auf Griechenland und sein abenteuerliches neues Leben.

Es war der letzte Schultag, wir saßen am Ufer des Starnberger Sees, hinter uns grölten sich verrückt gewordene Fünftklässler in die Ferien und meine Welt brach in Stücke, als Till mir das Ende unserer Liebe verkündete. Dann stand er auf, nahm seine Mappe, nickte mir freundlich zu. Er ging einfach davon und ließ mich hier sitzen, an diesem verdammten See, an diesem schönen, sonnigen Sommertag. Die Ferienzeit, auf die ich mich so gefreut hatte, lag plötzlich wie ein endloser dunkler Schacht vor mir. Mein Magen zog sich zusammen, ich würgte und mir kam das halbverdaute Pausenbrot hoch, das ich in den See kotzte.

Erst einmal hatte ich genug von Jungs. Ich wechselte die Schule und ging auf die Fachoberschule Soziales, hörte nichts, überhaupt nichts von Till, aber dachte oft an ihn. Warum hatte er mich so kalt abserviert?

Wenn ich an ihn dachte, dachte ich auch immer wieder an den Schlosspark zurück, schloss die Augen und sah, wie er mich an den Stamm einer Weide drückte, mich umarmte und ... ich spürte etwas Hartes zwischen meinen Beinen. Unbeholfen bewegte sich Till und versuchte seinen Penis in mich zu schieben. Schließlich gelang es ihm und er drang in mich ein. Ich spürte ihn in mir, obwohl ich das noch nie gespürt hatte.

Und dann, ein Jahr später, rief er an. Es war nicht zu fassen. Ich zitterte. Vor Wut und vor Freude. Ich hatte mir geschworen, nie wieder ein Wort mit ihm zu wechseln, ihn zu hassen bis ans Ende meiner Tage, aber nun telefonierte ich mit ihm. Als sei nichts gewesen. Er fragte, wie es mir ginge, was ich so mache, erzählte von sich, von seiner Lehre, der WG in Neuhausen, in der er mit ein paar revolutionären Männern wohne, und ob ich ihn denn am kommenden Wochenende dort besuchen wolle?

Ich hörte mich »Ja« sagen. Mit zitternder Hand legte ich den Hörer auf.

Auf dem Weg zu Till schlug mir das Herz, ich hatte weiche Knie. Aber ich wollte dorthin, zu Till, in diese WG, in der – welch Zufall – an diesem Wochenende alle anderen Mitbewohner ausgeflogen waren und wir beide alleine in der Küche saßen. Till machte Tee, plauderte ein wenig, ich nickte an den richtigen Stellen, doch dann kam er schnell zur Sache: Ob ich mit ihm schlafen wolle? Treuherzig blickte er mich an. Was bildete er sich eigentlich ein? Empört schwieg ich. Till begann mich zu überreden, stumm hörte ich mir seine schwachen Argumente an: Wir seien ja nun alt genug. Also sollte das jetzt endlich einmal passieren. Gemeinsam könnten wir unsere Jungfräulichkeit verlieren! Ich sei doch auch noch Jungfrau? Ich überlegte kurz zu lügen, gab es dann aber zu. Ja, das war ich immer noch und verdammt, ich wollte diesen Zustand auch ändern. Ich fragte Till, ob da nicht Liebe dazugehöre? Anstatt mir seine Liebe zu versichern, schüttelte er den Kopf. Nein, nein, das sei absolut nicht notwenig. Wichtiger seien Kondome, wir wollten ja nun nicht gleich Eltern werden. Das leuchtete mir ein. Er hätte zufällig auch Kondome da. Es war eindeutig alles geplant! Aber das störte mich eigentlich gar nicht. Ich wollte auch, ich wollte mit Till schlafen und das war doch auch ganz romantisch hier in dieser etwas verlotterten WG.

Ich stand auf, ging um den Tisch herum und setzte mich auf Tills Schoß. Ich küsste ihn. Na, das Küssen hatte er noch nicht verlernt ... Till erhob sich und schob mich nach nebenan in sein Zimmer. Langsam zogen wir uns gegenseitig aus. Zwischen jedem Kleidungsstück küssten wir uns lange, um unsere Hemmungen zu überwinden und uns an unser Nacktsein zu gewöhnen. Schließlich lagen wir dann doch unter der Decke seines Bettes. Till hatte noch eine etwas unmoderne eierschalenfarbene Doppelripp-Unterhose an. Er ergriff meine Hand und führte sie zielstrebig zu seinem Schwanz. Kaum hatte ich ihn umfasst – was sich gut anfühlte, hart und warm war dieses sagenumwobene Körperteil –, als Till stöhnte, zuckte, sich wie ein Ertrinkender an mich klammerte und sich warme, klebrige Flüssigkeit auf meine Hand ergoss.

Danach lagen wir eine Weile nebeneinander, ohne etwas zu sagen. Dann beendete Till das verlegene Schweigen mit den Worten: »Ich glaube, das war's schon.« Das hatte ich bereits gemerkt.

»Tja, sieht so aus!«, pflichtete ich ihm also bei. Was sollte ich auch sagen?

Wir beschlossen, es bald wieder zu probieren. Vorsorglich hatte Till eine Dreier-Packung für 2 DM besorgt. Mit zittrigen

Händen nahm er den ersten aus der Packung. Er hatte keine Ahnung vom Umgang mit diesen seltsamen Dingern, langsam entrollte er den Gummi. Linkisch versuchte er ihn nun über seinen abschlaffenden Schwanz zu ziehen, was nicht gelang. Also warteten wir noch ein wenig. Kurz darauf war Till wieder so erregt, dass es ihm glückte, sich den zweiten Pariser, langsam entrollend, erfolgreich überzustülpen. Ich beobachtete ihn und stellte – ohne nachzudenken – fest: »Der ist ja klein!«

Till sah mich unheilvoll an und schluckte. Oh. So etwas sollte man einem Mann, vor allem einem, der noch gar keiner war, nicht unbedingt sagen! Schweigend saßen wir voreinander, dann gab ich ihm einen aufmunternden Schubs, wir wollten es doch noch mal versuchen! Tills Erektion war aber unmittelbar nach meiner Feststellung in sich zusammengesunken und wir gaben vorerst auf. Eine Art Galgenhumor bemächtigte sich unserer.

»Jetzt gehen wir erst mal was trinken!«, schlug Till vor. Wir gingen ins Barbara-Eck und spülten unsere deprimierenden Erlebnisse mit Bier hinunter.

In bester Stimmung, etwas betrunken, wankten wir später Arm in Arm die Birkerstraße entlang, zurück in die WG. Kaum in der Wohnung, stürzten wir aus den Klamotten und ins Bett. Den dritten und letzten Pariser zog Till nun schon routiniert über seinen erneut erigierten Schwanz. Wir schmusten eine Weile, dann legte sich Till vorschriftsmäßig auf mich. So wie man das aus der *Bravo* kannte. Missionarsstellung. Erst mal ganz einfach. So einfach war aber selbst diese Stellung nicht. Eine Weile suchte Till vergeblich, ich lag stocksteif. Auf seine Nachfrage führte ich ihn an die richtige Stelle, doch war ich so angespannt, dass er nicht eindringen konnte. Er tat mir weh und ich verkrampfte noch mehr. Obwohl ich diesen Moment herbeigesehnt hatte, stand ich nun neben mir, stand neben der Matratze, blickte körperlos auf uns beide herunter, sah, wie wir uns abquälten und fragte mich, was soll das alles? Das konnte doch nicht dieser Sex sein, von dem alle so schwärmten? Till prüfte nun mit seinen Fingern nach, doch keine Chance. Hart wie Beton. Nun gaben wir es endgültig auf.

Es herrschte eine seltsame Atmosphäre zwischen uns. Ich hatte einen schalen Geschmack im Mund und konnte die ganze Nacht neben Till kaum ein Auge zutun, so aufgewühlt war ich.

Am Morgen – auch Till hatte sich von einer Seite auf die andere gewälzt – schmiegte er sich an mich. Seine Finger gingen auf die Reise zwischen meine Beine; nun war ich ganz entspannt. Ich war warm und feucht und seine Berührung fühlte sich gut an. Aber wir hatten keinen Pariser mehr! Ich blieb enttäuscht zurück, als er seine Erkundungen aufgab und aus dem Bett stieg.

Bevor ich nach Hause fuhr, gingen wir noch einen Kaffee trinken. Dann trennten wir uns in einer befremdlichen Stimmung.

Das ist jetzt über dreißig Jahre her und wir haben uns seitdem nur noch ein einziges Mal gesehen. Ich habe nicht mehr oft an Till gedacht. Hätte unser erstes Mal damals geklappt, wäre das sicherlich anders.

Die 17. Todsünde des Sex: Selbstsüchtigkeit

Eine pfälzische Idylle

Melanie (42), Hausfrau, Ludwigshafen
über
Christian (44), Chemiker, Ludwigshafen

Morgens gegen halb neun ist meine Welt noch in Ordnung, jedenfalls von Montag bis Freitag. Dann habe ich die beiden Kinder in die Schule gebracht, und mein Mann ist zur Arbeit gefahren. Das ist die Zeit, in der ich die Zeitung lese und meinen Kaffee trinke. Zwischendurch wandert mein Blick über die eintönigen Felder der Vorderpfalz, bei gutem Wetter bis zu der Silhouette des Pfälzer Waldes.

Unser Haus ist dank einer Erbschaft, die mein Mann vor zwei Jahren gemacht hat, fast abbezahlt und liegt am Rande des Neubaugebiets einer Kleinstadt, nicht weit von Ludwigshafen. Es ist ein hübsches Haus, vielleicht architektonisch nicht gerade ein Volltreffer, aber praktisch, so wie die meisten Häuser in diesem Baugebiet und in allen Neubaugebieten der Gegend. Wir sind vor acht Jahren aus Heidelberg hierher gezogen, da Christian, mein Mann, eine gut bezahlte Stelle als Chemiker in Ludwigshafen angenommen hatte.

Also ist scheinbar alles in Ordnung. Mein Leben verläuft wie ein sorgsam kanalisierter Fluss in geregelten Bahnen. Nur manchmal, bei meinem einsamen Morgenkaffee, grübele ich darüber nach, wie die nächsten Jahre oder Jahrzehnte aussehen könnten. Dann deprimiert mich der Blick über das platte Ackerland – besonders in der kalten Jahreszeit. Dieses geordnete, bürgerliche Leben, diese Idylle, kann doch nicht das große Ziel sein, das ich mit meinen 42 Jahren schon erreicht habe.

Damals, als wir hierher zogen, habe ich meine Stelle als Sekretärin in einer großen Heidelberger Anwaltspraxis aufgegeben, weil ich mit unserem ersten Kind schwanger war. Es ist mir nicht leicht gefallen. Ich hing sehr an dem Job und an den Kolleginnen und Kollegen, zu denen ich heute kaum noch Kontakt habe. Ich hatte mir nie vorstellen können, einmal in einer nichtssagenden Kleinstadt als Nur-Hausfrau und in einem Neubaugebiet wie diesem zu versauern. Ich liebe meinen Mann, glaube ich jedenfalls, und ohne diese Langeweile, die sich wie eine bleigraue Wolke über mein Leben gesenkt hatte, wäre mir diese blödsinnige Geschichte nicht passiert, durch die ich meine bisherige Existenz und meine Familie leichtfertig aufs Spiel setzte.

Vor etwa zwei Jahren hatte sich ein neuer Kinderarzt in unserer Stadt niedergelassen, Dr. Frank Boder. Wir, Christian und ich, hatten ihn und seine Frau Britta auf einem Weinfest kennengelernt und uns angefreundet. Sie waren unsere engsten und beinahe einzigen näheren Freunde geworden – und ich hatte mit Frank ein Verhältnis angefangen.

Frank und ich telefonierten häufig, aber allein sahen wir uns nicht allzu oft. Es fehlte einfach die Gelegenheit, und sowohl Christian als auch Britta waren ziemlich eifersüchtige Ehepartner.

Vor einem halben Jahr, an diesem verdammten Tag, es war Anfang Mai, rief mich Frank aus seiner Praxis an.

»Kannst du reden?«

»Ja.«

»Wann können wir uns sehen? Ich habe Lust auf dich. Hättest du morgen Zeit?«

Zeit hatte ich vormittags fast immer, meistens war er es, der nicht aus der Praxis weg konnte. Und ich muss zugeben, Lust hatte ich auch. Wir verabredeten uns auf einem Parkplatz am Rande eines Wäldchens, wo wir uns schon vorher ein- oder zweimal getroffen hatten. Es ist der einzige nennenswerte Wald in unserer Gegend. Flach, fast baumlos und schrecklich übersichtlich erstreckt sich hier die Ebene vom Rhein bis zum Pfälzer Wald.

»Ich freue mich auf dich.«

»Ich mich auch auf dich.«

Von dem Parkplatz führt ein Fußweg in den Wald. Dort steht zwar ein Schild, das die Durchfahrt, außer Forstverkehr, verbietet, aber es fehlt eine Absperrung, wie sie sonst bei Waldwegen üblich ist. Frank parkte seinen BMW auf dem kleinen Parkplatz und stieg zu mir ins Auto. Wir fielen sofort übereinander her, küssten uns gierig, und ich spürte seine Lust und seine Erektion.

»Warte!« Ich machte mich wieder von ihm los, startete den Wagen und steuerte ihn in den Waldweg. Auf einer kleinen Lichtung seitlich des Weges hielt ich an. Mit Spaziergängern war um diese Zeit nicht zu rechnen, und der Wagen war vom Weg aus nicht zu sehen – glaubte ich jedenfalls. Sex im Auto ist eigentlich nicht gerade mein Wunschtraum, aber wir hatten wirklich kaum eine andere Gelegenheit, und ich war erregt und heiß auf Frank.

Der senkte die Rückenlehne der Vordersitze ab. Umständlich wechselten wir die Plätze. Frank schob meinen Rock hoch – ich hatte vorsorglich ein Kleid angezogen – und in gemeinsamer Anstrengung zogen wir meinen Schlüpfer herunter. Dann wälzte er sich auf meine Seite des Wagens, öffnete seine Hose und halb kniend, halb auf mir liegend drang er in mich ein. Ich war zuerst unruhig und schaute mich, so gut es ging, nach allen Seiten aus den Fenstern um, konnte aber nichts Verdächtiges bemerken. Deshalb schloss ich für einen Moment die Augen. Schließlich wollte ich von der Sache auch etwas haben.

Durch die geschlossenen Lider schien es mir plötzlich, als sei es etwas dunkler geworden. Ich öffnete die Augen und sah etwas Grünes, Wolliges direkt vor meinem Beifahrerfenster, eine Art Uniformstoff. Dann senkte sich die Uniform, und im Fenster, keinen halben Meter von meinem Kopf entfernt, erschien ein breites Gesicht mit einem wuchtigen, weißen Schnurrbart. Der Mann starrte mir mit rotgeränderten, blassen Augen hinter dicken Brillengläsern direkt ins Gesicht. Ich konnte die blauroten Äderchen an seiner Nase und seinen Wangen erkennen.

Frank keuchte weiter und war so in seine Tätigkeit vertieft, dass er von allem nichts mitbekommen hatte. Ich war starr vor Schreck und unfähig etwas zu sagen, ihn zu warnen. Er machte weiter, bis der Grünberockte ans Fenster klopfte, wobei sein Ehering ein scheppperndes Geräusch verursachte.

»Revierförster Krauskopf. Steigen Sie aus! Und die Fahrzeugpapiere, bitte.«

Frank fuhr hoch, wälzte sich von mir weg und zerrte seine Hose hoch. Ich zupfte meinen Rock zurecht.

Wie ertappte Kinder standen wir vor dem Beamten.

»Sie wissen, dass Sie hier nicht fahren oder parken dürfen. Um eine Anzeige werden Sie nicht herumkommen.«

»Na ja, uns ist das hier alles sehr peinlich«, stotterte Frank kleinlaut, »aber vielleicht können wir es unter uns erledigen. Ich gebe Ihnen das, was die Geldbuße betragen würde.«

Mir war nicht klar, ob er den Mann bestechen oder nur die Geldbuße sofort bar bezahlen wollte.

»Was bilden Sie sich ein! Das will ich nicht gehört haben.«

Böse funkelten die blassblauen Äuglein des Beamten hinter der Brille. Er murmelte etwas von Verstoß gegen die Straßenverkehrsordnung und Erregung öffentlichen Ärgernisses. Dann notierte er sich unsere Personalien und meine Autonummer.

»Ich bin gezwungen, den Vorfall zur Anzeige zu bringen, auf Wiedersehen«, sagte er steif und ließ uns verdattert stehen.

Ernüchtert und wortlos fuhren wir zum Parkplatz zurück.

»Ich rufe dich an«, sagte Frank, stieg in seinen Wagen und fuhr vor mir auf die kleine Seitenstraße, die zu der eigentlichen Landstraße führte.

Ohne dass ich wusste, woher er kam, schob sich plötzlich ein protziger, reich mit Chromteilen bestückter Geländewagen zwischen uns. Bevor die Seitenstraße im spitzen Winkel auf die Hauptstraße trifft, laufen beide mehrere hundert Meter fast parallel nebeneinanderher. Deshalb konnte ich Franks Auto sehen, das schon auf der großen Straße war und mir dort entgegenkam.

Ich schaute zu ihm hinüber und blinkte mit den Scheinwerfern. Plötzlich tat es einen Schlag, Blech knirschte, Glas splitterte. Ich war auf den Geländewagen vor mir aufgefahren, der an der Auffahrt zur Hauptstraße angehalten hatte. Sofort sprang ein feister Kerl mit hochrotem Kopf aus dem Auto.

»Ja, sind Sie betrunken? Haben Sie denn keine Augen im Kopf? Das wird teuer für Sie«, brüllte er wütend, ohne überhaupt den Schaden begutachtet zu haben. Das durfte doch alles nicht wahr sein. Ich überlegte, ob er wohl immer einen so roten Kopf habe. Vermutlich ja. Ein Choleriker! Und das ausgerechnet hier und heute! Dieser Tag war wirklich nicht mein Freund.

Der Mann beruhigte sich ein wenig, als er sah, dass an seinem Wagen nur das Nummernschild verbogen war. Seine Stoßstange aus massivem Edelstahl hatte den Aufprall abgefangen und sich tief in meinen Kühlergrill und einen meiner Scheinwerfer gebohrt. Er kramte sein Handy heraus.

»Ich rufe jetzt die Polizei.«

»Nein, bitte, warten Sie. Vielleicht brauchen wir gar keine Polizei. Die Sache ist doch klar. Wissen Sie, ich habe heute Morgen zwei oder drei Gläser Sekt getrunken, und ich brauche meinen Führerschein unbedingt. Ich bezahle Ihnen Ihren Schaden natürlich sofort.«

Er kniete sich hinter sein feines Fahrzeug und beäugte und betastete die Stoßstange.

»Okay, fünfhundert Euro.«

»So viel habe ich gar nicht bei mir.« Ich schaute nach Franks Fahrzeug und sah gerade noch, wie er den Blinker setzte und davonfuhr. Das konnte doch nicht sein, dass er mich in dieser Situation allein ließ! Wirklich ein Scheißtag!

»Außer dem Nummernschild ist doch nichts an Ihrem Wagen. Ich habe nur dreihundert Euro dabei. Das müsste doch reichen.« Ich zeigte dem Rotköpfigen den Inhalt meines Portemonnaies.

Er tat, als ob er überlege, aber es war offensichtlich, dass er auch mit den dreihundert Euro ein Geschäft machen würde.

»Na ja, es kann sich ja später noch was rausstellen. Aber in Gottes Namen, geben Sie mir die dreihundert.«

Notgedrungen gab ich ihm meine gesamte Barschaft. Er notierte sich meine Autonummer in ein Notizbuch, fragte aber zu meiner Erleichterung nicht nach meinem Namen und meiner Adresse.

Nachdem der Rotkopf losgefahren war, rief ich Frank übers Handy an. Ich machte ihm Vorwürfe, dass er einfach weggefahren war und mich meinem Schicksal überlassen hatte.

»Wenn ich dazugekommen wäre, hätte mich der Typ doch im Zweifel als Zeugen benannt. Und dann wäre klar gewesen, dass wir zusammen waren«, verteidigte er sich.

Das war logisch. Aber ich war trotzdem enttäuscht und fühlte mich von ihm im Stich gelassen. Ich wusste, dass es zwischen uns nie mehr so sein würde wie vorher.

»Du siehst blass aus, Melanie. Geht es dir nicht gut?«, fragte Christian, als er am Abend nach Hause kam.

»Hm, ich habe heute einen kleinen Unfall gebaut. Ich bin auf dem Parkplatz vor Aldi gegen eine Absperrung gefahren.«

Ich hatte an diesem Tag schon eine Menge gelogen. Eigentlich lüge ich niemanden gerne an, meinen Mann schon gar nicht, aber es musste wohl sein.

»Na ja, solange dir nichts passiert ist, lässt sich alles verkraften«, tröstete er mich liebevoll. Ich hatte ein schlechtes Gewissen.

Ängstlich wartete ich jetzt jeden Tag auf irgendein amtliches Schreiben. Da ich während der Woche morgens allein zu Hause war, konnte ich die Post kontrollieren. Und samstagmorgens horchte ich, bis ich den Postboten am Gartentor und das Klappern des Briefkastendeckels hörte. Dann lief ich sofort hinaus und nahm die Post an mich. Ich fragte mich, welche Behörde hier überhaupt zuständig sein könnte. Würde ich Post vom Ordnungsamt bekommen? Von der Staatsanwaltschaft? Oder vom Amtsgericht? Wird man in so einem Fall zu einer Anhörung vorgeladen? In unserem Bekanntenkreis gab es mehrere Juristen, aber ich hielt es nicht für ratsam, einen von ihnen einzuweihen, jedenfalls noch nicht. Ich recherchierte im Internet und stieß auf § 183 a. Strafgesetzbuch:

»Wer öffentlich sexuelle Handlungen vornimmt und dadurch absichtlich oder wissentlich ein Ärgernis erregt, wird mit Freiheitsstrafe bis zu einem Jahr oder mit Geldstrafe bestraft ...«

War unser Sex im Wald öffentlich? Und hatten wir absichtlich oder wissentlich ein Ärgernis erregt? Wohl kaum! Wir wollten ja nun wirklich von niemandem gesehen werden. Das war sicherlich nicht das Problem, aber wenn auf die Anzeige des Försters doch irgendein Verfahren eingeleitet würde, könnte doch alles herauskommen. Dann war da natürlich noch der Verstoß gegen das Durchfahrtsverbot, und auch mein rotköpfiger Unfallgegner konnte sich melden.

Ich machte mir Sorgen, übrigens zum ersten Mal seit längerer Zeit. Ich schlief schlecht und fühlte mich miserabel. Wie würde Christian reagieren, wenn er herausfände, dass ich mit seinem besten Freund ein Verhältnis hatte? Wie ich ihn kenne, würde er sich von mir trennen und versuchen, mir die Kinder wegzunehmen. Und wovon sollte ich leben? Bei der heutigen Wirtschaftslage würde ich nur schwer eine vernünftige Stelle bekommen, und ob Christian nach allem für mich Unterhalt zahlen müsste, da war ich mir auch nicht sicher. Würde ich vielleicht zur Hartz-IV-Empfängerin? Mir wurde übel bei dem Gedanken. Plötzlich fürchtete ich um meine kleine, gesicherte, langweilige Hausfrauenwelt, die mir jetzt richtig privilegiert und beneidenswert vorkam.

Es vergingen drei Wochen, ohne dass etwas passierte. Ich wurde langsam ruhiger und, was die tägliche Post anging, nachlässiger. Dann aber, am Samstag der vierten Woche, kam Christian vom Joggen zurück und hielt ein Bündel Briefe in der Hand.

»Ich habe gerade den Briefträger getroffen. Hier, das ist für dich. Wahrscheinlich mal wieder falsch geparkt.«

Er hielt mir einen hellgrauen Umschlag mit dem Stempel der Kreisverwaltung hin.

»Na mach schon auf! Was wollen die?«

Jetzt war es passiert! Ich setzte mich an den Küchentisch, da ich fürchtete, meine Beine könnten versagen. Mit zittrigen Fingern riss ich den Umschlag auf. Es war ein Schreiben mit der klangvollen Überschrift »Verwarnungsgeldangebot wegen Missachtung eines Verbotsschildes«. Christian, der neben mir stand und glücklicherweise seine Brille nicht auf der Nase hatte, konnte den Text nur mühsam entziffern.

»Verbot für Fahrzeuge aller Art?«, las er halblaut, »was war denn da los?«

»Och, ich glaube, ich habe neulich mein Auto auf dem Feldweg hinter dem Haus geparkt, da wo die Durchfahrt eigentlich verboten ist. Kleinkarierte Spießer! Aber bevor ich mich weiter ärgere, überweise ich es gleich.« Damit faltete ich das Schreiben schnell zusammen und steckte es in meine Handtasche, die über der Stuhllehne hing. Die Angaben über den Tatort, nämlich Langensteiner Forst, und den Tatzeugen: Revierförster Krauskopf, hatte Christian offensichtlich nicht mehr lesen können. Er fragte auch nicht weiter nach. Ich war gerettet.

Mit Frank war es aus, und der Rotköpfige hat sich, Gott sei Dank, auch nicht mehr gemeldet.

Die 18. Todsünde des Sex: Lernresistenz

Ich weiss, was du brauchst

Josefine (37), Rechtsanwältin, Koblenz
über
Jonas (25), Praktikant, Koblenz

Als ich die Tür zum Bad öffnete, musste ich erst einmal einen Berg schmutziger Wäsche überwinden, der den Weg zur Toilette versperrte. Ich starrte in eine harnfarben geflieste Kammer, wohl die typische Optik einer Männer-WG-Toilette. Ein paar Schamhaare lagen in der Dusche und seltsamerweise auch im Waschbecken. Eigentlich hatte ich so was schon zehn Jahre hinter mir gelassen, die wilden Studentenzeiten waren seit geraumer Zeit vorbei, und ich hatte nicht vorgehabt, dorthin zurückzukehren. Ich ließ mich auf dem Badewannenrand nieder und fragte mich, was ich hier eigentlich tue. Mein kopfschmerzgeplagtes Gehirn begann den vergangenen Abend zu reflektieren. Nach einem langen Arbeitstag hatten meine Freundin und ich beschlossen, mal wieder in die alten Zeiten abzutauchen und eine unserer früheren Stammkneipen aufzusuchen. Der Altersdurchschnitt war dort um die 20 bis 25, also um einiges jünger als wir. Leona und ich wurden nach kurzer Zeit von zwei jungen Männern angesprochen und hatten nach wenigen Minuten den dritten Jägermeister getrunken.

»Mann, ist der niedlich«, flüsterte Leona mir ins Ohr und beäugte ihre Eroberung gierig.

»Ja, stimmt«, antwortete ich wenig überzeugt, denn Leona verträgt keinen Alkohol und ich merkte jetzt schon, dass sie nicht mehr so ganz Herr ihrer Sinne war. Leona bestellte schnell noch eine Runde Jägermeister und kippte diesen fix hinunter.

Leicht wankend schnappte sie sich ihren jungen Verehrer und verschwand Richtung Tanzfläche. Ich blieb mit meinem neuen Bekannten zurück und merkte, dass er immer anhänglicher wurde. Dieses Getätschel an meinem Hintern bildete ich mir doch nicht nur ein. Bevor ich mir überlegen konnte, ob mir das gefällt, hatte ich den nächsten Jägermeister in der Hand und merkte, dass mir das Getätschel, zumindest in meinem alkoholisierten Zustand, sehr wohl gefällt. Ich nahm den attraktiven Jonas an der Hand und führte ihn in den hinteren Bereich der Kneipe, um zu schauen, ob Leona und ihre Eroberung noch da waren.

Bevor ich wusste, wie mir geschah, hatte Jonas mich leidenschaftlich gegen die Wand gedrückt und begann mich zu küssen. Gar nicht so schlecht, dachte ich, für sein Alter macht er das ganz gut, auch wenn sein Atem mir leider verriet, dass er heute schon mindestens einen Döner gegessen hatte. Aber gut, man kann nicht alles haben. Ich versuchte den Geschmack von Knoblauch und Krautsalat zu ignorieren. Er durchforschte meinen Mund mit seiner Zunge. Nach kurzer Zeit wanderte seine Hand unter meinen Pullover und umschloss vorsichtig meine Brust. Jonas begann sie leicht zu massieren und ich stöhnte leise. Beseelt vom Jägermeister und meinem Vorsatz, mich endlich mal wieder richtig zu amüsieren, flüsterte ich Jonas ins Ohr, ob wir nicht einen ruhigeren Ort aufsuchen sollten. Spontan wie er war, packte er mich zielstrebig am Handgelenk und zog mich aus der Kneipe.

»Zu mir oder zu dir?«, fragte er mit einem Grinsen im Gesicht und küsste mich erneut leidenschaftlich. Seine Zunge wanderte von meinem Hals hinauf zu meinem Ohr, um dann erneut in meinen Mund einzudringen.

»Zu dir«, stöhnte ich, denn trotz der zahlreichen Schnäpse konnte mein Gehirn noch signalisieren, dass es von Vorteil ist, eine fremde Wohnung schnell verlassen zu können. Ich war mir noch ganz und gar nicht sicher, ob ich morgen mit Jonas frühstücken wollte. Mein junger Freund nahm erneut meine Hand und zog mich begeistert hinter sich her. Nach kurzer Zeit erreichten wir seine Wohnung, die sich auf den ersten Blick durch eine unübersehbare Unordnung auszeichnete. Nach einigem Suchen fand Jonas noch zwei halbwegs saubere Gläser und schenkte uns eine Art Billigversion von Jägermeister ein. Nachdem wir schnell noch drei Schnäpse getrunken hatten, war auch bei mir endgültig jegliche Vernunft ausgeschaltet und wir warfen uns lachend auf sein Bett.

Zwischen Decken und verschiedenen Wäschestücken küssten wir uns erneut und Jonas begann langsam, mich meiner Kleidung zu entledigen. Er tat dies mit einer jugendlichen freudigen Erregung, die mich mitriss. Auch ich machte mich über seine Klamotten her und zog lachend seine Jeans herunter. Im nackten Zustand sah meine Eroberung gleich noch viel besser aus. Ein strammer Oberkörper ohne Bierbauchansatz und wuscheliges Haar ohne Glatzenansatz steigerten meine Begeisterung. Nachdem Jonas sich ausführlich mit meinem Mund beschäftigt hatte, rutschte seine Hand langsam zwischen meine Beine und begann mich zärtlich zu streicheln. Aber leider wurde mir nach wenigen Minuten klar, dass er nicht wusste, was er tat. Seine Finger wanderten in einem Bereich von ca. fünf Zentimetern planlos herum, mal wurden meine intimsten Stellen gedrückt, dann gezwickt, anschließend wieder gekreist, um dann erneut gedrückt zu werden. Alles ohne System, Rhythmus und offensichtlich ohne Ahnung, wie es denn richtig geht. Langsam führte ich seine Finger an die richtige Stelle und als ich gerade das Gefühl hatte, so könnte es mir gefallen, begann Jonas erneut ziel- und planlos an mir zu reiben.

»So nicht«, flüsterte ich ihm möglichst zärtlich ins Ohr und legte meine Hand auf seine, um ihn zu führen.

»Ich weiß, was du brauchst«, stöhnte Jonas zurück und piesackte mich unbeirrt weiter. Es war eine Katastrophe. Erneut versuchte ich, ihm den Weg zu weisen, aber schon nach wenigen Sekunden ging er wieder über in seine seltsame Kreisbewegung und stöhnte dabei immer wieder: »Ich weiß, was du brauchst.«

Offensichtlich wusste er es nicht und ich war kurz davor, seinen Schwanz mal so richtig zu quetschen, damit er weiß, dass auch ich weiß, was er braucht. Aber wir Frauen sind wohl zu gut erzogen für solch eine Gemeinheit und so hoffte ich weiter, dass das gute Ende noch kommt. Ich beschloss die Sache zu beschleunigen und setzte mich auf ihn, schnappte seinen Schwanz und führte ihn ein. Jonas schaute leicht verdutzt, das ging ihm wohl ein bisschen schnell. Nach kurzer Zeit begann der Sex mir wieder Spaß zu machen. Unter mir lag ein knackiger junger Mann, und ich hatte jetzt die Zügel in der Hand. Aber plötzlich schob Jonas mich rabiat von sich herunter und ging über in die Missionarsstellung. Er begann wie wild auf mir herum zu rubbeln, stieß dabei seinen Schwanz immer heftiger in mich hinein und stöhnte dabei: »Ich geb dir, was du brauchst!« Wie kam er nur darauf?

»Gefällt's dir?«, fragte er dann. Nur ein professioneller Irrer konnte eine solche Frage stellen. Meine Bereitschaft, das länger mitzumachen, betrug höchstens noch zwei Minuten, aber Jonas war standfest und schien kein Ende zu finden. Sein ständiges »Ich weiß, was du brauchst« machte die Sache auch nicht besser und so zog ich kräftig an ihm, doch Jonas war so leidenschaftlich dabei, dass er mich gar nicht mehr wahrzunehmen schien. Ich griff zu einem anderen Mittel.

»Mir ist schlecht, ich muss kotzen!«, rief ich und sofort gab er mich frei. So kam ich in dieses Badezimmer, in dem ich nun saß und mich fragte, was genau tust du eigentlich hier? Sollte ich zurückgehen und erneut versuchen, Jonas darüber aufzuklären, was ich brauche, oder sollte ich es aufgeben? Ich entschied mich, nach einem kurzen Blick auf die Barthaare im Waschbecken, für Letzteres.

»Du, mir geht es echt nicht gut, ich muss heim«, sagte ich zu meinem jungen Freund, während ich schnell meine Klamotten einsammelte.

»Aber es war doch gerade so toll«, sagte Jonas absurderweise und schaute mich fragend an.

»Ja, war super, aber ich muss jetzt echt gehen«, antwortete ich und schnappte meine Handtasche.

»Lass uns bald mal wieder treffen, dann bringen wir das zu Ende, ich weiß doch, was du brauchst«, sagte Jonas tatsächlich kehlig und versuchte dabei anzüglich und sexy auszusehen. Fast hätte ich gelacht, doch ich riss mich zusammen.

»Auja. Machen wir, ganz bestimmt«, antwortete ich und hatte die Türklinke schon in der Hand. Auf dem Weg nach draußen entdeckte ich einen Otto-Katalog vor der Tür der Nachbarwohnung. Ich klemmte mir den Katalog unter den Arm und beschloss, dass die Zeit reif war für einen neuen Vibrator.

Die 19. Todsünde des Sex: Tabulosigkeit

Ich mach schon mal weiter

Helene (19), Schülerin, Leipzig
über
Severin (20), Trainee, Liverpool

Willst du den Rock anziehen?«, frage ich Anne, die auf dem Bett liegt und sich die Fußnägel bonbonrosa lackiert. Bitte sag nein!

»Hmm ... doch, ja.« Anne schaut schuldbewusst auf ihre Zehen. *Der* Rock ist heute also vergeben. Was soll ich denn dann bloß anziehen? Verdammt. Zum dreihundertsten Mal in dieser Woche verfluche ich unsere beschränkte Garderobe. Die Lufthansa hat auf dem Hinflug einen unserer Koffer verloren, meinen, um genau zu sein, und unsere Auswahl an Kleidungsstücken noch weiter dezimiert. Eigentlich hatten wir hier ja ein paar Sommersachen einkaufen wollen, doch es ist alles viel zu teuer. Konnte ja keiner ahnen, dass unser Budget mit zwei Cocktails am Abend erledigt sein würde. Höchstens einen Tangastring könnten wir uns leisten, doch wer will den schon? Seufzend hebe ich das zerknitterte blaue Kleid vom Badezimmerboden auf, wo ich es gestern Nacht beim Nachhausekommen fallen gelassen habe. Es ist feucht und hat einen Eiscremefleck am Saum, aber es geht schon. Ich ziehe es über. Voilà.

Anne und ich sind für zwei Wochen auf Menorca. Bisher läuft alles sehr gut, na ja, wir haben kein Geld, nichts zum Anziehen und unser Hotel ist lausig, aber die Sonne scheint und wir verstehen uns prima. Mittlerweile wieder. Nach zwei Tagen hatte Anne jemanden kennengelernt, einen ganz jungen Spanier, der hier im Hotel Gartenarbeiten verrichtete und noch bei seinen

Eltern wohnte. »Er sieht unglaublich gut aus«, erzählte Anne mir stolz, doch als sie ihn eine Nacht später an der Rezeption vorbei in unser Zimmer geschmuggelt hatte, fand ich es viel eher bemerkenswert, dass er kein Deutsch und kein Englisch sprach. Wie wollten sich die beiden sich bloß unterhalten? Auf Annes Wunsch hin verließ ich das Zimmer und schlenderte allein und gelangweilt durch die Hotelanlage.

Nach einer Stunde klopfte ich an unserer Zimmertür, doch durfte ich noch immer nicht ins Zimmer. Anne schob mir eine zerknitterte Zeitschrift aus dem Flugzeug unter der Tür durch und ich ließ mich damit im Gang auf dem Boden nieder. Wenn die Tür aufging, sollte Anne sehen, dass ich hier verloren und gelangweilt kauerte. Ich verharrte eine weitere Stunde, dann ging die Tür auf und der Spanier kam heraus. Ohne mich eines Blickes zu würdigen, lief er an mir vorbei. Ich rappelte mich auf und klopfte. Annes Haut glänzte ölig, ihr Gesicht war gerötet und ihre Haare sahen verfilzt und knotig aus. Sie lächelte, blieb aber einsilbig und ließ sich sofort wieder ins Bett fallen.

Die nächste Nacht verlief ähnlich, der Spanier kam, ich war abgeschrieben und Anne wollte anschließend nur schlafen und nicht mehr mit mir sprechen, geschweige denn ausgehen. Allein traute ich mich nicht, und so lag ich die halbe Nacht wach, stand immer mal wieder auf, um lautstark ein paar Moskitos zu fangen und schmollte. Das hatte ich mir anders vorgestellt. Nachmittags am Strand machte ich Anne eine Szene. »Creme dir doch selbst den Rücken ein!«, fauchte ich kindisch. Ich weiß nicht, ob es an meinem Einspruch lag, doch an diesem Abend verließ der Menorquiner schon nach zehn Minuten türeknallend unser Zimmer. Anne erwartete mich drinnen. Kichernd und gut gelaunt stieg sie in die Dusche: »So, heute gehen wir aus!«

Ich war froh, Anne wieder für mich zu haben und nicht mehr allein durch die Hotelanlage schleichen zu müssen. Wir machten uns hübsch, gingen Tischtennis spielen und anschließend tanzen. Das haben wir auch heute vor. Unsere Aktivitäten sind durch

Geldmangel ohnehin ziemlich eingeschränkt. Die großen Clubs fordern horrende Preise, also bleiben wir hier in unserem kleinen Vorort, hier kann man auch ohne Eintrittsgeld tanzen.

Mein Tischtennisschläger fühlt sich splittrig an und hat nur noch eine bezogene Seite, kein Wunder, dass ich so schnell rausgeflogen bin! Ich streiche mein blaues Kleid glatt, das sich noch immer feucht anfühlt, aber das muss Einbildung sein, und kaue an meinem Strohhalm. Ich beobachte Anne, die noch im Spiel ist und mit einer Gruppe Engländer um die Tischtennisplatte springt. Langsamer Rundlauf, es sind noch ziemlich viele Leute im Spiel. Der Sommer steht ihr gut, sie ist braun geworden, ganz ohne wie ich erst mal rot anzulaufen. Die Engländer sind wohl auch schon eine Weile da, ein paar von ihnen haben üble Verbrennungen. In großen Blasen schält sich die Haut weiß von ihren tätowierten roten Schultern, dazu tragen sie bunte Shorts und Unterhemden.

In der Ping-Pong-Bar sehe ich sie heute zum ersten Mal. Der links neben Anne spielt, gefällt mir. Er ist nicht besonders groß, feingliedrig und hat überall Sommersprossen. Er sieht ein bisschen aus wie Billy Elliott. Ähnlich geschmeidig spielt er auch Tischtennis, die letzte Runde hat er gewonnen. Gerade sieht er ein wenig gelangweilt aus, wie er da die Seite der Tischtennisplatte entlangschlendert, jetzt schaut er zu mir. Er lächelt. Ich lächle zurück. Jetzt ist er dran, doch er lässt den Ball einfach an sich vorbeifliegen, schnappt ihn kurz bevor er auf den Boden trifft mit der Hand und wirft ihn seinem Gegenüber zu. Also ist auch er nicht mehr im Spiel. Er legt den Schläger auf den Ausleihtisch und flaniert dann langsam auf mich zu. Anne hat ihren Ball geschlagen, sie lächelt mich aufmunternd an und lässt ihre Zunge aus dem Mund schnappen, wie ein Reptil, das eine Fliege verspeist. Ich muss lachen und schaue schnell weg. Der Engländer ist mittlerweile bei mir angelangt, er hebt sein Glas und lässt es gegen meins klirren.

»Cheers.«

»Cheers«, antworte ich. Von Nahem gesehen hat er noch mehr Sommersprossen und einen kleinen Spalt zwischen den Vorderzähnen.

»Wanna take a seat?«, fragt er mich und wir setzen uns auf die Holztreppe, von der aus man über den Strand aufs Meer hinausblicken kann. Als Anne später zu uns kommt, weiß ich, dass er Severin heißt, zwanzig Jahre alt ist und zwei kleine Brüder hat, deren Fotos er mir auf seinem Handy gezeigt hat. Mit Anne gehen wir in eine andere Bar mit Tanzfläche. Anne unterhält sich mit einem von Severins Freunden, irgendwann sehe ich, dass die beiden sich küssen, dann ist sie verschwunden. Sie hätte mir wenigstens Bescheid sagen können! Ob sie schon wieder unser Zimmer blockiert, frage ich mich zähneknirschend. Ich nehme mir vor, morgen am Strand mit ihr darüber zu sprechen.

Ich traue mich nicht zu tanzen, da Severin dabei ist und ich mich viel zu beobachtet fühlen würde, stattdessen trinke ich Sangria. Severin steht ganz nah bei mir, unsere Arme berühren sich, wenn er seine Zigarette an den Mund hebt, es muss Absicht sein, wie er mit seinem Arm langsam meinen Oberarm entlangstreicht. Mir ist etwas schummrig, wahrscheinlich vom Alkohol und der verrauchten Luft. Übel ist mir auch. Plötzlich wäre ich gern in meinem Bett, doch ich möchte Anne nicht stören. Wahrscheinlich wäre es mir unangenehmer als ihr, wenn ich plötzlich im Zimmer stehen würde und sie läge mit dem Engländer im Bett. Anne ist eigentlich nie etwas peinlich, darum beneide ich sie. Ich schäme mich immer für alles. Auf einmal werden meine Knie weich, ich stütze mich auf Severin. Er umfasst meine Taille und schiebt mich nach draußen. Frische Luft, ich lasse mich in den Sand fallen. Nicht so schlimm, nur etwas schwindlig, erkläre ich ihm und er läuft nach drinnen, um mir eine Cola zu holen.

Während er weg ist, atme ich tief durch und fühle mich schon wieder etwas besser. Severin kommt zurück, er hält meine Hand und besteht darauf, dass ich die Cola trinke, die einen unangenehmen Belag in meinem Mund bildet. Verstohlen fahre ich mit der Zunge an meinen Zähnen entlang. Severin möchte spazieren gehen und wir gehen ein Stück am Wasser entlang. An einem dunklen Stück Strand sind ein paar Barken auf den Sand gezogen, widerstandslos lasse ich mich von Severin zwischen die Boote ziehen. Wir setzen uns in die Mitte, wo uns niemand sehen kann, lehnen uns an das angemalte Holz, von dem die Farbe splittert. Ich lehne den Kopf in den Nacken und sehe in die Sterne. Severin hält noch immer meine Hand, die andere legt er auf mein Bein und streichelt mein Knie. Dann beugt er sich zu mir und küsst mich, gierig, er schmeckt nach Zigaretten und Sangria und ich bin froh, dass mir nicht mehr übel ist. Ich greife in seinen Nacken, halte ihn fest, küsse ihn zurück. Severin gefällt mir, ich möchte ihn für mich haben, er fasst in mein Bikinioberteil und ich helfe ihm einen Träger meines Kleides herunterzustreifen.

»You are so beautiful«, flüstert er und küsst meinen Hals. Das freut mich. Ich schließe die Augen. Sofort wird mir schwindlig. Dann werde ich ohnmächtig. Ich kriege es gar nicht mit, mir wird schwarz vor Augen und ich kippe zur Seite. Als ich wieder zu mir komme, sehe ich direkt in den Sternenhimmel. Ich liege auf dem Rücken im Sand, einen Augenblick weiß ich nicht, wo ich bin. Verwirrt blicke ich mich um. Über mir kauert Severin und küsst meine Brüste, so als wäre nichts geschehen. Er hat offensichtlich schon mal allein weitergemacht!

Mein Bikinioberteil liegt neben mir und mein Kleid ist bis zum Bauch heruntergezogen. Seine Hand liegt auf der Innenseite meines Oberschenkels. Ich überlege kurz, ob ich aufstehen und ins Hotel gehen soll. »Ich war ohnmächtig«, sage ich und richte mich ein bisschen auf. Severin lächelt nur. Offensichtlich findet er das alles gar nicht merkwürdig. Dann beugt er sich zu mir und küsst mich auf den Mund. Seine Lippen schmecken salzig von meiner Haut. Ich traue mich nicht, noch einmal die Augen zu schließen, küsse ihn mit geöffneten Augen zurück. Nein, beschließe ich, ich bleibe hier. Severin zieht seine Shorts runter, er hat ein Kondomtütchen in der Hand. Ich nehme es an mich, reiße es auf und stülpe das Gummi über seinen Schwanz. Er legt sich auf mich, dringt in mich ein. Es tut nicht weh, ich schließe meine Arme um ihn. Severin atmet schnell, bewegt sich kaum, nur ganz langsam vor und zurück. Übervorsichtig. Ich warte ab, dann beschließe ich, ein bisschen mitzumachen. Ich bewege meine Hüften, drücke sie ihm entgegen und stöhne leise. Das ist offenbar zu viel für ihn. Sofort erstarrt er, zuckt und sinkt dann keuchend auf mir zusammen. Das war's.

Nun ja. Ich streichle über seinen Kopf, während er an meine Schulter gelehnt langsam wieder zu Kräften kommt. Hand in Hand laufen wir den Strand entlang, zurück zu meinem Hotel. Es geht mir wieder gut, ich bin nur etwas müde. Severin begleitet mich, wir verabschieden uns ohne großes Aufheben voneinander. Anne schläft fest, als ich ins dunkle Zimmer schleiche und mich ohne Zähneputzen sofort ins Bett lege.

Die 20. Todsünde des Sex: Unverständnis

Sommer der Sternschnuppen

Sanna (49), Malerin und Klavierlehrerin, Husum
über
Paul (49), Berufsschullehrer, Bredstedt

In einer stürmischen, regnerischen, ganz typischen nordfriesischen Winternacht betrat Paul, nass wie ein Pudel, die Küche unserer WG in Bosbüll. Lars hatte ihn im Jugendzentrum aufgegabelt. Er kam per Anhalter aus Bayern und suchte einen Schlafplatz. Er sank auf einen Küchenstuhl nieder und stellte sich vor. Er hatte einen sonderbaren Dialekt, aber Paul gefiel mir. Mehr als das. Das war 1979. Wir waren beide 19. Seitdem sind wir befreundet und wir hatten in den Anfängen unserer Freundschaft auch eine Affäre. Aber dann gründeten wir Familien. Er in Bayern, ich in England, die Jahre gingen ins Land und wir sahen uns kaum. Aber der Kontakt blieb, und dann kam der Sommer 2000 und wir begegneten uns wieder.

Wenn unsere Blicke sich trafen, hat es geblitzt, doch sehen durfte das niemand. Denn im Gegensatz zu mir war er nicht frei, doch er war nicht glücklich mit seinem Los.

»Du musst dein Leben aufräumen, damit du frei bist zu handeln, wenn deine Traumfrau einmal vor dir steht«, riet ich ihm. Ich erwähnte nicht, dass ich immerhin schon vor meinem Traummann stand. In ebendiesem Moment. Wir haben uns schöne Geschichten erzählt, nur diese eine nicht. Und dabei ist sie die schönste, und die wichtigste – aber auch die alles verändernde. Deshalb durfte ich sie nicht preisgeben.

Vor einem Jahr im Sommer, wahrscheinlich hatte ich im Garten das Abendkonzert gehört und konnte mal wieder nicht ins

Bett finden, sah ich in kurzer Folge zwei Sternschnuppen den Abendhimmel durchkreuzen.

Der erste Wunsch, der mir in den Sinn kam, war: Ich möchte dem Mann fürs Leben begegnen. Aber es waren ja zwei Sternschnuppen! Eine hätte doch gereicht – aber zwei, das war keine gute Zahl. Mir war klar, dass zur Erfüllung meines Herzenswunsches noch eine dritte vonnöten war. Dann und erst dann würde sich mein Wunsch erfüllen und ich durfte meinen Seelenpartner treffen.

Fortan hielt ich mich ständig an der dunklen Luft auf. Auf diese Weise erlebte ich viele schöne Abendhimmel, aber es sollte noch ein ganzes Jahr dauern, bis wieder eine Sternschnuppe im nordfriesischen Raum herniederging. Und ich habe sie gesehen!

Und nicht allein, denn Paul war zu Besuch. Nach langer Zeit war es unser erstes Wiedersehen. Der lebhafte Sommerwind des Nachmittages ging am Abend in ein laues Lüftchen über und wir hatten unser Lager für die Nacht im Freien bereitet. Doch erst saßen wir zusammen im Schuppen, tranken Wein und unsere Unterhaltung war sehr angeregt. Pauls Stimme, so fiel mir auf, war lebhaft und er erzählte mit jeder Faser seines Seins. Gefasst ertrug ich den Gedanken, dass wir keine Beziehung eingehen mussten, um eine zu haben. Unsere einzigartige Chemie bewirkte eine Verbindung, die heute noch so prickelte und perlte wie vor zwanzig Jahren.

Sechs Stunden nach Bettzeit krochen wir in unsere Schlafsäcke. Wir hatten es uns unter vielen Decken bequem gemacht, ein züchtiges Gutenachtküsschen gewechselt und die Reißverschlüsse unserer Schlafsäcke zeigten jeweils nach außen. Über mir wiegten sich Schilfblätter in der Brise und neben mir raschelte es im Gras ... vielleicht ein Frosch. Wir beglückwünschten uns zu der Idee, draußen zu schlafen und langsam versiegten unsere Gespräche – als plötzlich der Himmel aufging und eine Schnuppe ausspuckte! Von oben rechts bis unten links – von meiner Seite zu seiner Seite – hatte ich es doch geahnt!

»Hast du das gesehen?«, fragte Paul mich. Natürlich! Vor Aufregung lag ich ganz still und schaute in die Schwärze, in der die Sternschnuppe verglüht war. Paul neben mir schlief ein.

Nach seiner Abreise meldete er sich eine Woche lang nicht. Für mich eine hügelige Zeit, die von ungeklingelten Telefonen beschallt wurde. Ich wartete. Und so stand die leere Weinflasche noch immer unangetastet auf dem Gartentisch, ein stiller Zeuge neben der Luftmatratze, die langsam erschlaffend an der Mauer lehnte. War es möglich, dass er es ganz anders erlebt hatte (wir sehen die Welt so, wie wir sind – nicht wie sie ist)? War es möglich, dass ich hier letzte Woche meinen Seelenpartner zu Besuch gehabt hatte, während er bei mir nur ein paar nette Tage verbracht hatte?

Nach einer Woche hielt gleich ein ganzer Paketwagen vor meinem Haus. Dem entsprang ein junger Mann mit einem Päckchen. Ein Päckchen von *ihm*! Mit zappeligen Zitterhänden wühlte ich in Schubladen, wollte die Spannung auskosten, bevor ich diesem zugeklebten Ding zuleibe rückte, brauchte etwas Scharfes, Messer, Schere ... Ein schönes Päckchen. Und gleich obenauf ein Brief! Ein Video, das er »Sanna & Paul« betitelt hatte. Es enthielt wertvolle Informationen für die Nachwelt. Zum Beispiel dokumentierte es, dass er bei mindestens 17 Grad Celsius ins Wasser gegangen ist und leichte O-Beine hat. Und dass ich immer das Bild verliere, wenn ich die Knöpfe an der Kamera suche. Na ja, das Wichtigste war sowieso nicht drauf. Zum Beispiel, dass wir am FKK-Strand waren. Man ist ja aufgeschlossen. In einer Kuhle vor dem sandigen Wind geschützt, entledigten wir uns unserer Klamotten. Wir erzählten einander von unseren Nacktängsten und ich gab bei der Gelegenheit noch eine Anekdote aus meiner Vorehezeit zum Besten, als mein Exmann ewiglang im Mittelmeer bleiben musste, weil er sich mit seinem Ständer nicht an den Strand traute. Als wir dann später nackt zum Wasser liefen, verwünschte ich die Cellulite an meinen Oberschenkeln und wäre mit Freuden die schönste Frau der Welt für ihn gewesen.

Wir waren gute Freunde – aber wie gern hätte ich ihn auch als Frau interessiert. Ich hätte auf ihn zuschwimmen und seine nasse Nacktheit an meine pressen können und vielleicht hätte die Welt aufgehört, sich zu drehen. Stattdessen liefen wir aus dem Wasser und schüttelten den Sand aus der Decke, bevor wir uns unter den Blicken unserer Strandkorbnachbarn nebeneinanderlegten.

Am Ende des Sommers kam Paul ein zweites Mal zu Besuch. Diesmal nur eine Nacht. Ich hatte seinem Besuch entgegengefiebert. Auch diese Nacht wollten wir gemeinsam im Schutze des freien Himmels verbringen, der, bewölkt und unbefragt, ob unserer guten Freundschaft seufzte. Bis Paul sich auf einmal zu mir drehte. Ich schloss ihn in meine Arme und er zog mich an sich. Es war alles ganz einfach – zumindest nachdem wir die Schlafsäcke los waren –, es gab keine Schranken, die uns hinderten, es war, alles hätten wir das schon immer getan, uns schon immer in den Armen gelegen. Doch war es viel zu schnell vorbei. Und als es dann vorbei war, war es auch vorbei. Nackt und stumm lagen wir nebeneinander, bis es zu kalt wurde und wir die Decken richten mussten. Paul tätschelte meinen Kopf. So lange hatte ich auf diesen Moment gewartet, an dem wir verschmelzen, eins werden würden. So lange, dass ich jetzt nichts zu sagen wusste. Wir sagten beide nichts. Und dann schlief Paul ein, und wieder lag ich lange wach, mit seiner Hand auf meinem Haar.

Am nächsten Morgen fuhr Paul fort, als wäre nichts gewesen. Er war frei, ich war frei. Es war passiert, aber *es* war nicht passiert! Jetzt, im Nachhinein, schien es sich um ein großes Missverständnis zwischen uns zu handeln, denn was ich nicht mehr konnte und auch nicht mehr wollte, war Sex ohne Liebe. Er hatte nicht mich gemeint, es war die Lust am Akt, wir beide hatten es gewusst und das, was zwischen uns gelaufen war, schien unserer Freundschaft nicht würdig. Nicht gerade erhebend. Ob er auch so etwas fühlte?

Die Unruhe in meinem Innern nutzte ich für die Gartenarbeit, denn noch war viel zu tun. Platten wollten verlegt und Beete abgeräumt, Stauden verjüngt und Gartenmöbel gestrichen werden, doch ich mochte noch so viele Rosen beschneiden, das dumpfe Gefühl wich nicht von mir. Es schien mir wichtig, die Situation zu bereinigen. Hoffentlich war auch er bereit dazu ... Doch am Telefon verstand er nicht, wiegelte mich ab und seufzte über komplizierte Frauen.

Und da wusste ich, mein Seelenpartner täte das nicht!

Die 21. Todsünde des Sex: Gleichgültigkeit

GRUFT FALKENSTEIN

Mareike (32), Apothekerin, Wien
über
ihre Nachbarn

Mein ganz besonderes Verhältnis zum Ehepaar Falkenstein, 4. OG rechts, begann mit einem nächtlichen Glas Wasser in der Küche. Dabei kannte ich die beiden eigentlich schon seit Monaten. Ich habe keinen Balkon in meiner Wohnung und nur in der Küche kann man vormittags ein wenig Sonne bekommen.

Die Fensterbank ist breit und der Hinterhof ruhig, so dass ich hier an freien Tagen gerne mit meiner Katze sitze und Pläne fürs Wochenende schmiede. Die Bewohner des Nachbarhauses haben Balkone und halten es ähnlich. So nickt man sich über den Hof hinweg kurz zu und sitzt schweigend in der Sonne. Im vierten Stock wohnt das Ehepaar Falkenstein, dessen Namen ich aber erst später herausfand. Die Wohnung scheint eine ganze Etage einzunehmen, bestimmt 200 Quadratmeter und das nur zu zweit. Anfangs interessierte ich mich herzlich wenig für meine Nachbarn, zumal Herr und Frau Falkenstein nicht gerade oft zu Hause waren. Über ihnen wohnt auch heute noch eine WG mit wechselnder Besetzung, aber offenbar überwiegend berufstätigen Bewohnern. Unter den Falkensteins lebt eine Familie mit zwei halbwüchsigen Kindern, die zum Rauchen in den Hof müssen. Aber wirklich interessant sind eigentlich nur Herr und Frau Falkenstein.

Wie gesagt, anfangs fielen sie mir gar nicht weiter auf. Sie zupfte abends gerne an den Geranien oder las ein Buch auf geschmackvollen Manufaktum-Stühlen, und er schien ohnehin nur am Wochenende da zu sein. Manchmal rauchte er dann im Anzug auf dem Balkon und wartete wohl, bis die werte Gattin ausgehfertig war. Beide müssten ungefähr Ende vierzig sein, er hat eisgraue Haare, wirkt sportlich und markant und auch sie kann sich sehen lassen, eine typische Trophy-Wife, schlank und blond, segelgebräunt alle beide. Wie gut der Blick aus meiner Küche auch in ihre Wohnung war, fiel mir erst eines Freitagnachts auf.

Ich war spät nach Hause gekommen, beduselt und müde. Mitten in der Nacht wachte ich mit schrecklichem Durst auf. Mit einem Glas Wasser stand ich in der dunklen Küche und schaute aus dem Fenster. Gegenüber war alles dunkel, nur bei Falkensteins waren alle Räume hell erleuchtet. Tagsüber konnte man von den Räumen nicht viel sehen, aber jetzt hatte ich einen wunderbaren Blick auf das gesamte Innenleben. Und das zeigte Herr und Frau Falkenstein in eindeutiger Absicht. Oder vielmehr nur sie, er verhielt sich der Situation unangemessen. Vollständig angezogen saß Herr Falkenstein angelehnt auf dem Bett und zappte nachlässig mit der Fernbedienung. Seine Körpermitte verdeckte der entblößte Hintern von Frau Falkenstein, deren Kopf auf und ab wippte, während die Raumbeleuchtung mit jedem Senderwechsel heller und dunkler wurde. Ich konnte genau zwischen ihre Beine schauen, während sie seinen Schwanz lutschte. Ihr Po sah rund aus, aber fest. Unwillkürlich senkte ich den Blick, zögerte kurz, unterdrückte ein Lächeln und ging in mein Schlafzimmer, um mein Fernglas zu holen.

Es ist ein kleines Opernglas, das mir ein Exfreund vom Flohmarkt mitgebracht hat, weil es hübsch aussah. Und heute sollte es eingeweiht werden. An Schlaf war jetzt ohnehin nicht zu denken, also machte ich es mir auf der Fensterbank gemütlich und nahm meine Beobachtung wieder auf. Frau Falkenstein bewegte sich jetzt hektischer, obwohl ihr Mann seinen teilnahmslosen Gesichtsausdruck nicht geändert hatte. Plötzlich richtete sie sich auf, stellte sich vors Bett und starrte ihn mit verschränkten Armen an. Herr Falkenstein hob die Hände zu einer unwilligen Geste und sagte ein paar kurze Worte. Daraufhin zeigte sie auf ihn, rief etwas und stürmte aus dem Zimmer. Im Bad ging das Licht an, leider konnte ich wegen der Milchglas-Scheibe nicht sehen, was Frau Falkenstein jetzt tat. Also schwenkte ich mit dem Fernglas zurück zu ihm, der reglos dasaß, dann gedankenverloren seinen schlaffen Schwanz ergriff und betrachtete. Er bewegte die Hand kurz auf und ab und verstaute ihn routiniert in der Hose, bevor er sich wieder stoisch dem Programm zuwendete.

Ich war begeistert und gleichzeitig von Scham erfüllt. Ein sexuelles Ehedrama, erregend und deprimierend zugleich und das direkt vor meinem Fenster! Ich wartete fast zehn Minuten, aber Frau Falkenstein kehrte nicht zurück, obwohl das Licht im Bad bald erlosch. Vielleicht gab es noch andere Türen und Schlafzimmer in der Wohnung? Auch Herr Falkenstein schien eingenickt zu sein, also kehrte ich schließlich in mein Bett zurück und schlief irgendwann ein. Mein letzter Gedanke galt seltsamerweise der hoch aufgereckten Scham meiner schönen Nachbarin.

Selbstverständlich schaue ich anderen Menschen manchmal gerne bei intimen Handlungen zu, ich bin schließlich ein Kind meiner Zeit. Pornografie ist allgegenwärtig, Voyeurismus schick. Aber selbstverständlich habe ich diese Faszination für das Leben der anderen Menschen so weit im Griff, dass es nicht weiter auffällt.

Für eine weitere Beobachtung meiner Nachbarn bestand also eigentlich kein Anlass. Aber sie wollten es ja nicht anders. Genau eine Woche später lag ich gegen zwölf Uhr abends noch vor dem Fernseher und beschloss, mir ein Bier aus dem Kühlschrank zu holen. Und da waren sie. Im Schlafzimmer, wieder ohne Vorhänge. Ich löschte das Licht und schlich zum Fenster. Mein Film war vergessen. Diesmal war die Sicht noch besser, der Raum war in diffuses Licht aus mehreren Wandstrahlern getaucht, die den Raum erleuchteten. Das Bett war gemacht, außerdem war der Raum abgesehen vom Fernseher nur mit einer großen, verspiegelten Schrankwand möbliert. Frau Falkenstein trug halterlose

Strümpfe, sonst nichts. Sie stellte gerade ein Glas Wein auf dem Boden ab und kniete sich aufs Bett. Auch im Bad brannte Licht.

Sie schien aufzuhorchen und senkte sich schnell auf alle viere. Als Herr Falkenstein aus dem Bad in den Raum trat, knickte sie auch mit den Armen ein und streckte ihm den Hintern entgegen, den sie mit den Händen spreizte. Ich bekam tatsächlich einen trockenen Mund beim Anblick dieser Geste, und Röte schoss in mein Gesicht. Herr Falkenstein war weniger beeindruckt. Zerstreut kratzte er sich am Kopf. Auch er hielt ein Weinglas, als er hinter seine Frau trat. Mit der freien Hand griff er zwischen ihre Beine. Einen Augenblick verharrte er dort, trank dann einen weiteren Schluck und verließ das Zimmer. Sie blieb noch bestimmt eine Minute in ihrer unterwürfigen Position, bevor sie sich aufrichtete und zur Tür blickte, durch die ihr Gatte verschwunden war. Sie bewegte sich langsam und unschlüssig, als ob ihr sein Verschwinden gerade erst aufgefallen war. Jetzt ging auch sie nackt aus dem Raum. Leider kam keiner von beiden wieder, obwohl ich noch bestimmt eine halbe Stunde am Fenster saß, rauchte und überlegte, was wohl gerade in den anderen Zimmern der Wohnung passierte.

Von dieser Nacht an beobachtete ich meine Nachbarn häufiger. Ich wollte noch mehr sehen, und wenn ich nachts zufällig aufwachte oder spät nach Hause kam, musste ich wenigstens kurz nachschauen, ob sich was tat. Mehrere Wochen lang passierte nichts. Entweder waren die Vorhänge zugezogen oder Frau Falkenstein sah fern und lackierte ihre Fußnägel. Sie telefonierte auch viel, vielleicht beschwerte sie sich bei ihren Freundinnen über ihr Leben? Er tauchte im Schlafzimmer gar nicht mehr auf. Ich glaube, sie war allein in der Stadt. Oft waren die Fenster der Falkensteins den ganzen Abend dunkel, vermutlich suchte auch sie nach Abwechslung. Diese Annahme bestätigte sich bald. Ein fremder Mann in Frau Falkensteins Bett.

Ich hatte meine regelmäßigen Beobachtungen schon fast aufgegeben, als ich eines späten Nachmittags eine Bewegung im Falkenstein'schen Schlafzimmer wahrnahm und die Dame des Hauses einen Mann ins Zimmer führte. Leider war es noch hell draußen, so dass ich nicht alles erkennen konnte. Ein kleines Stelldichein am Nachmittag also, dachte ich und verschob den geplanten Besuch im Sportstudio noch ein wenig. Die beiden kamen schnell zur Sache, bald lag sie nackt auf dem Rücken und er hockte vor dem Bett mit dem Kopf zwischen ihren Beinen. Und in dieser Position blieb sie auch. Irgendwann robbte der Mann auf sie.

Er sah eigentlich aus wie Herr Falkenstein, derselbe Typ, nur mit dunklen Haaren. Vielleicht ein Kollege ihres Mannes. Obwohl es hier endlich mal zum Vollzug des Geschlechtsaktes kam, war Frau Falkenstein wieder nicht zufrieden. Manchmal strich sie mit der Hand über den Rücken ihres Liebhabers, aber ansonsten blickte sie zur Seite und rührte sich kaum. Ihn schien das nicht zu stören, ziemlich routiniert steigerte er allmählich das Tempo, hielt irgendwann inne und sackte dann über ihr zusammen. Er stand als Erstes auf, sie sprachen kurz miteinander, während er durchs Zimmer lief und seine Klamotten zusammensuchte. Sie saß im Bett und beobachtete ihn dabei. Dann waren beide wieder verschwunden. Ich saß am Fenster und fühlte mich schlecht.

Während ich in meinem Sportstudio auf dem Cross-Trainer schwitze, beschließe ich, meiner Beziehung mit Frau Falkenstein ein Ende zu bereiten. So kann das nicht weitergehen! Ich fahre zurück nach Hause, stelle das Fahrrad im Hof ab und gehe einmal um den Block zum Eingang meines Nachbarhauses. Während ich in meiner Sporttasche nach Zettel und Stift krame, öffnet sich die Tür und einer der rauchenden Teenager aus dem dritten Stock kommt raus. Ich nicke höflich und schlüpfe in den Hausflur. Auf meinen Kursplan schreibe ich die Worte »Er hat Sie nicht verdient – und der andere auch nicht«, stecke die Nachricht in einen an Frau Falkenstein adressierten Umschlag und werfe ihn in den Briefkasten.

Herr und Frau Falkenstein sind noch immer meine Nachbarn, aber ich sehe sie nur noch sehr selten. Eigentlich nur, wenn sie auf dem Balkon die Blumen gießt oder er rauchend wartet, dass sie fertig geschminkt ist. Manchmal grüße ich Frau Falkenstein mit einem freundlichen Nicken, das sie erwidert. Keine Ahnung, ob sie mich als Verfasserin der Nachricht erkannt hat, vermutlich schon, denn die Vorhänge im Schlafzimmer bleiben geschlossen. Ich hoffe jedenfalls, dass sie mir zustimmt.

Die 22. Todsünde des Sex: Peinlichkeit

Das Mitbringsel

Cornelia (28), BWL-Studentin, Berlin
über
Björn (38), Pilot, Hamburg

In einen Piloten hatte ich mich nie verlieben wollen. Ich neige ohnehin zu Eifersucht und die nie abreißende Zahl weiblichen Kabinenpersonals, immer neu, alle gelangweilt und gepflegt, die abendlichen Besäufnisse mit der Crew in Restaurants und Hotelbars, die Übernachtungen in ständig wechselnden Hotels – all das würde mich als Freundin um den Schlaf bringen. Ich bin selbst Flugbegleiterin, auch wenn ich nur acht Tage im Monat neben meinem Studium arbeite, ich weiß, wovon ich spreche.

Mein fester Vorsatz war leider sofort vergessen, als ich Björn sah. Er war groß, muskulös, blond, ein Bilderbuchpilot, und alle schienen ihn anzuhimmeln. Das hätte mich eigentlich noch viel mehr abschrecken müssen, doch wenn er mich ansah, wurden meine Knie weich und nachdem er mich mehrmals angesprochen und in kurze Plaudereien verwickelt hatte, lief ich den Rest des Tages wie auf Watte. Auf Watte über den Wolken.

Wir landeten abends in Hamburg, Björn wohnte dort. Ich hatte eigentlich noch nachts nach Berlin zurückfliegen wollen, die nächsten drei Wochen waren für die Fertigstellung meiner Diplomarbeit vorgesehen, doch als er mich fragte, ob er mich noch zum Essen ausführen dürfe, verwarf ich meine Pläne sofort.

Er hatte ein kleines und recht hochpreisiges Restaurant ausgesucht, wir tranken Wein und unterhielten uns im Schein der Kerzen. Natürlich durfte man nicht rauchen, sonst hätte ich wahrscheinlich Kette geraucht, denn ich war sehr nervös. Doch da Björn schon beim Reinkommen über zwei rauchende Frauen gespottet hatte, die vor der Tür ihrer Sucht frönten, verkniff ich mir, es ihnen nachzutun. Stattdessen aß ich viel zu viel, wie immer, wenn ich nicht rauchen kann.

»Hast du noch Pläne für den Abend?«, fragte mich mein Gegenüber nach dem Essen und sah mich dabei vielsagend an. Dann strich er sanft über meine Hand, die auf der Tischdecke ruhte. Mein ganzer Körper begann zu kribbeln. Schon jetzt hätte ich für ihn jeglichen Lebensentwurf verworfen, hätte er gefragt, ob ich mit ihm auswandern wolle, wäre meine Antwort ein bestimmtes Ja gewesen, wohin auch immer.

»Ich muss morgen fliegen, aber erst gegen neun Uhr los. Vielleicht möchtest du mit zu mir kommen?« Keine Frage. Björn nahm mich mit in seine Wohnung, die groß und ziemlich karg eingerichtet war.

»Ich bin nie hier«, entschuldigte er sich, »sieht etwas chaotisch aus.«

Als würde mich das stören! Ich lief durch die Zimmer und stellte mir vor, welche Möbel ich für die Räume auswählen würde. Die Vitrine, die ich von meiner Oma geerbt hatte, wäre geradezu ideal für das Wohnzimmer und mein Biedermeiersofa würde einen schön verspielten Akzent gegen die doch eher nüchtern und modern gehaltene Couchgarnitur setzen. Als ich ins Badezimmer ging, um mich frisch zu machen, hielt Björn mich am Arm fest.

»Ach Mist, die Spülung ist kaputt. Ich komm einfach nicht dazu, das reparieren zu lassen. Du musst mit dem Eimer nachschütten.« Um solche Kleinigkeiten würde ich mich in Zukunft gerne kümmern, dachte ich, während Björn einen Eimer auffüllte, der zu diesem Zwecke bereit stand. Ich duschte, zog mir ein frisches Kleid über und schminkte mich dezent und unauffällig. Wie gut, dass ich immer Ersatzkleidung dabeihatte. Es ist schön, auf alles vorbereitet zu sein. Mit nassen Haaren trat ich aus dem Badezimmer. Björn stand in der Küche vor einem Regal, in dem

Weinflaschen lagerten. Als ich mich ihm näherte, drehte er sich zu mir um und schloss mich in die Arme.

»Wie schön du bist«, flüsterte er in mein Ohr. Auch ich schloss meine Arme um ihn, stellte mich auf die Zehenspitzen und ließ mich von ihm küssen. Noch in der Küche zogen wir einander aus, dann hob er mich auf die Herdzeile und drang in mich ein. Den Wein suchten wir anschließend gemeinsam aus, nahmen ihn mit ins Bett, wo wir uns noch einmal liebten.

Am nächsten Morgen weckte Björn mich aus tiefstem Schlaf.

»Schlaf ruhig weiter, Liebste«, flüsterte er und streichelte sanft über meine Haare. »Zieh die Tür später einfach hinter dir zu, ich muss jetzt leider los.« Er küsste mich noch einmal zum Abschied und war dann weg. Wohlig rollte ich mich im Bett herum. Was für eine wunderbare Nacht, welch ein schöner Morgen! Die Sonne schien durch die Jalousien und zauberte helle Streifen auf das zerwühlte Bett. Da ich nicht mehr einschlafen konnte, stand auch ich auf, stöberte ein bisschen in Björns Wohnung herum und stellte mich dann auf den Balkon, um eine Zigarette zu rauchen. Die Frühlingssonne wärmte bereits und ich träumte schon davon, wie ich im Sommer hier im Bikini lag, während Björn in der Küche etwas für uns brutzelte. An Björns Rechner suchte ich mir die Route für den Heimflug raus, dann zog ich mich an, jetzt musste ich mich ein wenig sputen.

Bevor ich ging, musste ich noch einmal zur Toilette. Ach ja, die Spülung, fiel mir wieder ein. Gestern war das kein Problem gewesen, heute allerdings musste ich richtig. Als ich fertig war, kippte ich den Inhalt des Eimers in die Toilette. Das Eimerwasser ließ den Haufen herumwirbeln, mehr passierte nicht. Nach einem zweiten Eimer Wasser hatte er die Position gewechselt, war jedoch immer noch da. Auch mit einem dritten Eimer Wasser ließ er sich nicht versenken. Langsam drängte die Zeit. Ich kippte einen vierten Eimer nach und verfolgte, wie der Kaventsmann einen gemächlichen Kreis durch die Schüssel zog, nur um sich langsam durch den Wasserschwall wieder nach oben zu kämpfen.

»Verschwinde!«, zischte ich ihn an. »Geh weg!« Doch nichts geschah, groß und plump sah er mir aus der Schüssel entgegen. Ich überlegte kurz. Dann fiel mein Blick auf eine leere Douglas-Tüte, die ich gestern in den Abfalleimer geworfen hatte. Ich beschloss, diese Tüte zu verwenden, um meine Spuren zu beseitigen. Es half ja nichts. Hundebesitzer taten so etwas jeden Tag, morgens sogar, noch vor dem Frühstück. Ich würde mir nicht mal die Finger schmutzig machen und den Beutel draußen im nächsten Mülleimer entsorgen. Ich griff in die Tüte, packte mit spitzen Fingern zu und stülpte den Beutel um. Geschafft.

Ein Blick auf die Uhr sagte mir, dass ich mich jetzt wirklich beeilen musste. Ich bestellte ein Taxi und setzte mich dann an den Küchentisch, um schnell noch einen Abschiedsbrief an Björn zu schreiben. Ich wollte ihn wiedersehen, und nach dieser Nacht traute ich mich auch, ihm das zu schreiben, darunter tausend Küsse und meine Telefonnummer. Der Fahrer stand vor dem Haus und hupte, also raffte ich schnell meine Sachen zusammen und lief raus.

Als die Tür hinter mir ins Schloss gefallen war, setzte mein Herz aus. Die Tüte! Ich hatte die Tüte auf den Boden gelegt, als ich meine Stiefel angezogen hatte. Die Douglas-Tüte lag direkt vorne an der Tür! Neben Björns Pantoffeln! Meine Beine wurden weich und mir wurde kurz schwarz vor Augen. Der Fahrer hupte wieder, laut und anhaltend. Ich setzte mich in Bewegung, die Treppe runter. Kreidebleich stieg ich ins Taxi.

Björn hat sich nie bei mir gemeldet und ich möchte ihn auch nicht mehr sehen. Seit dieser Geschichte lehne ich Routen über Hamburg ab und auch sonst konzentriere ich mich mehr auf mein Studium.

Die 23. Todsünde des Sex: Hochstapelei

Schein und Sein

Lena (43), Grundschullehrerin, Osnabrück
über
Nils (46), Hausmeister, Osnabrück

Mein Fitnessclub ist eigentlich nicht besonders kommunikativ. Ich will damit sagen, dass ich nicht erwartet habe, dort jemanden kennenzulernen, jedenfalls keinen Mann, der zu mir passen könnte. Die Männer dort sind entweder verheiratet oder großflächig tätowiert, manche auch beides, und das ist nicht das, was ich in meiner Situation suche. Ansonsten hocken alle auf ihren Standrädern oder laufen auf Bändern wie Hamster im Laufrad. Außer mit den Frauen aus meinem Bauch-Beine-Po-Kurs komme ich kaum mit jemandem ins Gespräch.

Ich bin jetzt dreiundvierzig, na ja, fast vierundvierzig, habe zwei Kinder, die bei mir wohnen, und bin seit gut einem Jahr geschieden. Eigentlich sehe ich ganz gut aus, finde ich jedenfalls, und das finden auch meine Freunde, immerhin sagen sie es ab und zu. Um das Niveau einigermaßen zu halten, gehe ich eben in den Fitnessclub. Trotzdem ist es in meiner Situation offenbar schwieriger, einen neuen Partner zu finden, als ich mir das vor der Trennung von meinem Mann vorgestellt hatte.

Es war vor knapp einem halben Jahr. Ich saß nach dem Training noch an der Theke des Clubs und trank einen Kaffee. Normalerweise gehe ich gleich, wenn ich mein Programm absolviert und geduscht habe, aber an diesem Tag musste ich meine Tochter – vierzehn Jahre und heftig pubertierend – von ihrer Ballettschule abholen, und bis dahin war noch etwas Zeit. Ich habe Angst, dass sie auch das Ballett hinschmeißt wie schon das

Hockeyspielen und den Klarinettenunterricht, wenn ich sie nicht jedes Mal hin- und zurückchauffiere.

»Na, hast du's geschafft? Ist immer ein gutes Gefühl, wenn man so richtig trainiert hat.«

Misstrauisch sah ich hoch. Ich konnte mich nicht erinnern, den Mann, der sich auf dem Hocker neben mir niederließ, schon einmal gesehen zu haben. Es wird von den Trainern im Club zwar immer propagiert, dass man sich doch duzen sollte, üblich ist es trotzdem nicht, außer vielleicht bei den Jüngeren. Deshalb wollte ich zuerst nicht auf diese wenig geistreiche Anmache eingehen, aber beim zweiten Hinschauen erschien mir der Mann schon attraktiver. Er war groß, schmal, nicht unbedingt hübsch mit seinen leicht abstehenden Ohren und der Hakennase. Aber er hatte schöne grau-grüne Augen, und vor allem sein offenes, jungenhaftes Lächeln gefiel mir.

»Du kommst nur zum Kaffeetrinken her?«, erwiderte ich, indem ich mich auf das Du einließ.

»Falsch! Ich habe mir den Laden heute nur angesehen und mich für einen Monat angemeldet. Die haben zurzeit so ein Schnupperangebot. Übrigens, ich heiße Nils Berger. Dann sehen wir uns ja vielleicht ab und zu hier. Wann gehst du denn immer so zum Training?«

Obwohl ich seine Art ziemlich forsch fand, antwortete ich: »Ich bin Lena, Lena Michels. – Meistens gehe ich freitags zum Bauch-Beine-Po-Kurs, um 15 Uhr.«

Wir kamen ins Plaudern, wobei er eine Menge zu erzählen hatte – vor allem über sich selbst. Er habe in Berlin an der TU Elektrotechnik und Betriebswirtschaft studiert und sei jetzt Geschäftsführer einer Gesellschaft, die Spezialwerkzeuge herstellte. Das klang doch nicht schlecht! Nicht dass ich mir in diesem Moment schon eine gemeinsame Zukunft mit ihm ausgemalt hätte, aber ich wollte ihn schon besser kennenlernen.

Plötzlich war es höchste Zeit, meine Tochter abzuholen.

»Dann bis Freitag!«, verabschiedete er sich.

»Weiß noch nicht genau. Mal sehen.«

Als ich vom Parkplatz des Clubs wegfuhr, sah ich ihn in einen schönen, silberfarbenen Porsche steigen.

Am nächsten Freitag ging ich natürlich zum Training. Nach meinem Kurs passte mich Nils ab.

»Gehen wir noch zusammen in die Sauna?«

Huch, das kam überraschend! Aber warum eigentlich nicht?

»Okay, dann bis gleich.«

Dank seiner unbeschwerten Art war es überhaupt nicht peinlich, einander nackt gegenüberzustehen. Sein Körper war schlank, fast hager, aber doch muskulös und, wie ich fand, sehr anziehend. Nach der Sauna lagen wir entspannt auf unseren Liegen und alberten wie alte Freunde, bis mir einfiel, dass ich nach Hause musste, um meiner Tochter und meinem zehnjährigen Sohn das Abendessen zu bereiten. Bevor ich ging, lud mich Nils für den kommenden Sonntag zu sich in seine Wohnung zum Essen ein. Mir war klar, was das bedeutete und wo es enden könnte, nämlich in seinem Bett. Also nahm ich mir am Sonntag ein Taxi und fuhr zu seiner Wohnung. Ich hatte eine Freundin, die bei uns im Haus wohnt, gebeten, nach meinen Kindern zu sehen. Sicherheitshalber, denn eigentlich kann ich die beiden mittlerweile auch mal einen Abend allein lassen. Die Wohnung lag in einem der besseren Viertel der Stadt mit schönen alten Villen. Das Haus, in dem seine Wohnung lag, war allerdings ganz modern, mit viel Holz und Glas, alles sehr elegant und offensichtlich teuer. Die Wohnung war geräumig, mit schönen neuen Möbeln eingerichtet, kombiniert mit einigen ausgesucht schönen antiken Stücken. Auffälligstes Inventar war jedoch ein riesiger, schwarz glänzender Flügel. Nils trug Jeans, ein blaues Hemd und ein helles Leinenjackett, alles von lässiger Eleganz. Meine anfängliche Verlegenheit überwand ich rasch. Es gab Champagner. Ich weiß nicht, wann ich das letzte Mal Champagner getrunken hatte. Das Essen war nicht schlecht, aber auch nicht überragend. Ich nahm an, dass er es bei einem Partyservice bestellt hatte, fragte aber nicht danach.

»Kannst du das Ding bedienen?« Ich deutete auf den Flügel.

»Na ja, ich spiele schon ein bisschen«, und auf meine Bitte setzte er sich an das Instrument. Er spielte ein paar Beatlesstücke, etwas von Chopin und einen Ragtime, und zwar richtig gut. Ich applaudierte.

»Das war schon mein ganzes Repertoire«, sagte er, als ich ihn bat weiterzuspielen. Stattdessen trat er hinter meinen Stuhl und begann, sanft meinen Rücken zu massieren. Ich entspannte mich und überließ mich ganz der wohltuenden Wirkung der Massage und der Atmosphäre dieses Ortes und dieses Augenblicks. Ich merkte, wie die Träger meines Sommerkleids über meine Schultern rutschten, wobei Nils etwas nachhalf. Dann begann er, immer noch hinter mir stehend, mein Kleid aufzuknöpfen. Ich erhob mich von dem Stuhl, und wir begannen uns ohne Eile gegenseitig auszuziehen. Nackt führte er mich an der Hand in das angrenzende Schlafzimmer. Das breite Bett hatte seidig glänzende, cremefarbene Bettwäsche und schien frisch bezogen.

Ich war in letzter Zeit sexuell etwas unterversorgt gewesen und ausgehungert, aber der Sex mit Nils brachte mich trotzdem nicht auf meine Kosten. Leider. Er wirkte etwas unentspannt, und es war sehr schnell vorbei. Nils entschuldigte sich sofort, dass ihm das normalerweise nie passiere und ich bemühte mich zu versichern, dass doch gar nichts dabei sei. Nach einer Weile versuchten wir es noch einmal, aber diesmal wurde er nicht richtig hart.

»Das ist mir so unangenehm«, sagte Nils und ich wünschte, er würde einfach schweigen. Aber er fuhr fort. »Das liegt daran, dass wir eben schon mal …«

»Natürlich«, unterbrach ich und tätschelte seine Schulter. Ich fand es wirklich nicht schlimm, wahrscheinlich war er einfach aufgeregt. Es konnte doch nur besser werden. Ich hoffte, dass er das auch so sah, und schmiegte meinen Kopf an seinen Hals. Gerne wäre ich auf sein Angebot eingegangen, bis zum Morgen zu bleiben. Ich malte mir aus, wie es wäre, mit ihm im Bett zu frühstücken, aber ich musste auf jeden Fall zu Hause sein, bevor die Kinder wach wurden.

In den nächsten beiden Wochen trafen wir uns wieder, insgesamt drei Mal, und immer landeten wir in dem breiten Bett in seiner tollen Wohnung. Langsam begann ich mich an ihn zu gewöhnen und genoss das Zusammensein mit ihm. Auch der Sex wurde etwas besser, obwohl ich noch immer das Gefühl hatte, dass er sich selbst unter Druck setzte. Ich weiß nicht, ob ich mich schon in ihn verliebt hatte, aber immerhin war ich auf dem besten Weg dahin. In den Fitnessclub schaffte ich es in dieser Zeit nicht mehr.

Eine Episode sollte ich noch erzählen, die ich damals als unwichtig ansah, die aber vielleicht doch ein Hinweis war auf das, was geschehen sollte. Nils hatte mich in ein hübsches, nicht gerade billiges Restaurant mit guter französischer Küche eingeladen. Es war – wie immer mit ihm – ein lustiger, unterhaltsamer Abend. Als es ans Bezahlen ging, tastete Nils seine Taschen ab.

»Verdammt, es ist mir peinlich, aber ich habe kein Geld dabei.«

»Macht doch nichts, ich bezahle schon«, sagte ich, obwohl die Rechnung ein größeres Loch in meinen monatlichen Etat reißen würde.

»Nein, kommt gar nicht in Frage. Aber kannst du mir vielleicht bis morgen zweihundert Euro leihen?« Das war mehr als die Rechnung betrug, und es war alles, was ich bei mir hatte, aber ich gab ihm den Betrag. Er bezahlte die Rechnung und gab der Bedienung, jung, weiblich, ein üppiges Trinkgeld. Bei unseren nächsten Treffen kam er nicht mehr auf das Geld zurück, er schien es vergessen zu haben, und mir war es peinlich, ihn daran zu erinnern.

Dann, in der dritten Woche unserer Bekanntschaft, meldete sich Nils nicht mehr bei mir, und er erschien auch am Freitag nicht, wie ich gehofft hatte, im Fitnessclub. Ich war beunruhigt und suchte am Montag der folgenden Woche die Nummer seiner

Firma aus dem Telefonbuch. Ich rief dort an und fragte nach Nils Berger.

»Der müsste im Lager sein, aber da kann ich ihn nicht erreichen«, sagte die Dame am Telefon kühl und abweisend.

»Aber vielleicht können Sie mir seine Durchwahlnummer geben.«

»Der hat keine eigene Durchwahl. Sie müssen es später noch mal versuchen.« Damit legte sie auf. Was für ein freches Verhalten! Nils sollte als Geschäftsführer keine eigene Durchwahl haben? Kaum vorstellbar! Sicherlich war die Sekretärin angewiesen, die Nummer nicht herauszugeben. Oder war sie vielleicht selbst in Nils verliebt oder hatte sie sogar etwas mit ihm? Dann wäre es auch nicht sinnvoll, ihm etwas ausrichten zu lassen oder um seinen Rückruf zu bitten. Wütend tigerte ich um das Telefontischchen und überlegte, was zu tun sei.

Nachdem Nils auch in den kommenden Tagen nichts von sich hören ließ, fasste ich mir ein Herz und fuhr zu seiner Wohnung. Ich wollte einfach wissen, was mit ihm los war. Die Haustür stand offen, und als ich an der Wohnungstür mit dem Schild Berger klingelte, öffnete mir ein freundlicher, grauhaariger Herr. Er mochte um die fünfzig sein, hatte eine sportliche Figur und, wie ich fand, sympathische Gesichtszüge.

»Ich möchte zu Herrn Berger.«

»Der bin ich – Max Berger.«

»Ich – ich suche Nils Berger, der wohnt doch hier?«, stotterte ich.

»Ach so, Nils, nein, der wohnt nicht hier.« Er sah wohl meine Verwirrung. »Aber kommen Sie doch herein!« Herr Berger hatte ein Vertrauen erweckendes, kluges Gesicht, und so betrat ich die mir wohlbekannte Wohnung.

»Nehmen Sie doch Platz!« Er deutete auf einen Sessel in dem großen Wohnzimmer mit dem Flügel. »Kaffee?« Ich bejahte.

»Was ist mit Nils, warum suchen Sie ihn?«, fragte er, als er mit dem Kaffee aus der Küche zurückkam. Ich war verlegen.

»Nun, wir sind befreundet, und er hat sich seit Tagen nicht mehr bei mir gemeldet.«

»Nils ist mein Neffe. Ich weiß ja nicht, was er Ihnen erzählt hat, aber er hat manchmal eine überbordende Fantasie. Er arbeitet in meiner Firma.«

»Ja, er ist Geschäftsführer«, entfuhr es mir in meiner Naivität. Herr Berger lachte.

»Wissen Sie, Nils ist kein übler Kerl, ich mag ihn, doch manchmal neigt er ein wenig zur Hochstapelei. Er hat eine Menge Talente, aber er hat in seinem Leben nie etwas konsequent durchgezogen. Vor dem Abitur hat er die Schule abgebrochen und ist einige Jahre in der Welt herumgereist. Dann hatte er verschiedene Jobs, und zur Zeit arbeitet er bei mir als, na ja, Hausmeister, Lagerarbeiter, Bote oder was gerade anfällt. Das macht er übrigens sehr geschickt und auch zuverlässig. Deshalb habe ich ihn sogar gebeten, für drei Wochen auf meine Wohnung aufzupassen. Ich komme nämlich gerade von einer längeren Geschäftsreise nach Ostasien zurück.«

Wem der silberfarbene Porsche gehörte, brauchte ich jetzt nicht mehr zu fragen. Von unseren Eskapaden in seiner Wohnung erzählte ich Max Berger lieber nichts. Ich dummes Huhn war auf einen Angeber, einen Blender hereingefallen, und das obwohl ich mir normalerweise auf meine Menschenkenntnis einiges einbilde. Ich spürte, wie mir die Röte ins Gesicht schoss. Ich fühlte mich betrogen, hintergangen und benutzt. Dieser Dreckskerl!

»Möchten Sie etwas trinken?«, fragte mich Herr Berger, dem mein Zustand nicht entging, mit sanfter Stimme. Ich nickte dankbar.

Nils habe ich nie wieder gesehen, wohl aber Max Berger, und zwar sehr oft, aber davon will ich hier nicht erzählen, denn das, liebe Mia Ming, hat mit schlechtem Sex überhaupt nichts zu tun.

Die 24. Todsünde des Sex: Schwatzhaftigkeit

Ein interessanter Gedanke

Susanne (34), Texterin, Hamburg
über
Mirko (36), Bautechniker, Hamburg

Wenn ich das nächste Mal mit einem Mann schlafe, wünsche ich mir von ihm vor allen Dingen eins: Er soll mich alles andere vergessen lassen, zumindest für einen Moment. Ich möchte nicht währenddessen überlegen, ob das alles eine wirklich gute Idee ist, wann ich mir eigentlich das letzte Mal die Beine rasiert hab, ob meine teure Strumpfhose jetzt kaputt ist, ob es ihm so gefällt oder ob ich von hinten vielleicht besser aussehe. Ist das wirklich so viel verlangt?

Vor drei Monaten habe ich einen Mann getroffen, den ich übers Internet kennengelernt hatte. Bei MySpace hatten wir uns angefreundet und über Wochen ausgetauscht. Seine Art zu schreiben war lustig und sympathisch und er hatte ein hinreißendes Profilbild. Auch Männer nutzen diese öffentlichen Portale ja oft sehr selbstdarstellerisch. Gern finden sich auf ihrer Seite zehn Fotoalben mit zahllosen Bildern ihrer exotischen Urlaubsreisen, des illustren Freundeskreises und wilder Wochenendvergnügungen. Man sieht ihn in Badehose, im Anzug, mit Sonnenbrille, am Lagerfeuer, im Kreis schöner Frauen, im Schnee, im Büro, beim Einkaufen und mit nacktem Oberkörper beim Muskelspiel. Darunter dann Kommentare von Freunden: »Amazing!« oder schlicht »Great pic«.

Mirko betrieb keine abschreckende Selbstinszenierung. Er hatte nur ein Bild, neben dem »Mirko, 36, Hamburg« stand. Wir chatteten über Wochen, ab und an verabredeten wir uns halbherzig, woraus jedoch nie etwas wurde. Wahrscheinlich wollten wir beide diesen angenehm beschwingten Zustand nicht zerstören, der so vertraut und gleichzeitig doch ganz unbelastet von irgendwelchen Erwartungen aneinander war. Leider haben wir es doch nicht dabei belassen. Eines Tages schrieb er mir verärgert, dass er sich zu spät um Karten für ein Konzert bemüht hätte, das jetzt ausverkauft sei. Da ich als Journalistin gute Beziehungen habe, war es ein Leichtes für mich, noch Freikarten zu besorgen. Stolz und vorfreudig bot ich ihm an, das Konzert mit ihm zu besuchen.

Wir trafen uns in einem Café nahe der Konzerthalle und zu meiner Erleichterung erkannten wir uns sofort. Er sah tatsächlich so aus, wie ich ihn mir vorgestellt hatte, war sogar noch etwas größer. Der Abend verlief gut. Ich habe einen Grundsatz, an den ich mich halte: Geh nie vor dem dritten Treffen mit einem Mann ins Bett. Solche Regeln können einem eine Menge Ärger ersparen. Meine Überlegung, ob dieser Grundsatz auch bei Mirko griff – immerhin schrieben wir uns seit Wochen beinahe täglich Briefe –, wurde durch die Atmosphäre während des Konzerts nicht unbedingt vereinfacht. Nass geschwitzt und eng aneinandergedrückt standen wir in der schlecht gelüfteten und überfüllten Konzerthalle, die Lautstärke war ohrenbetäubend und von allen Seiten schoben uns Drängler und Tanzende noch enger aneinander. Es war ein Gefühl der Vertrautheit zwischen uns, gleichzeitig der Reiz des Neuen und Unbekannten. Zum Reden war es zu laut, aber das störte uns nicht. Hand in Hand verließen wir das Gelände.

»Kommst du noch mit zu mir?«, fragte Mirko und ich zögerte. Doch dann fielen mir zwei recht pragmatische Gründe ein, die dagegen sprachen. Zum einen war Donnerstag, am nächsten Tag musste ich arbeiten, zum anderen musste ich dringend duschen. Also schüttelte ich den Kopf.

»Schade«, sagte er, »ich hätte mich gern noch ein wenig mit dir unterhalten!« Dann brachte er mich zu meinem Fahrrad und küsste mich zum Abschied sanft auf die Lippen. Auf der Fahrt nach Hause fühlte ich mich wie berauscht, ich freute mich auf unser Wiedersehen!

Meinen 3-Tage-Warten-Vorsatz brach ich auch gleich am nächsten Abend. Wir hatten uns in einem vietnamesischen Restaurant verabredet. Dort aßen wir zwei große Schalen Nudelsuppe, danach tranken wir Wein in einer Bar. Angesicht zu Angesicht war die Kommunikation schwieriger als vor dem Bildschirm, obwohl es zahlreiche Themen gab, die wir bereits postalisch besprochen hatten und einfach aufgreifen konnten. Dennoch kratzten wir ziemlich an der Oberfläche, unterhielten uns erst über die Speisekarte und danach über die anderen Gäste in der Bar. Die meiste Zeit redete Mirko, und ich musste mich bemühen, seinen Gedankensprüngen zu folgen. Er erzählte ein wenig zusammenhanglos und sprach offensichtlich, ohne vorher nachzudenken, doch ich verzieh ihm das, schließlich waren wir beide nervös und erwartungsvoll. Ich fand seine Redseligkeit sogar niedlich!

Später gingen wir zu ihm. Mirko hatte eine schicke Wohnung, sparsam, aber ausgesucht eingerichtet. Wahrscheinlich verbrachte er viel Zeit auf Trödelmärkten und suchte nach ausgefallenen Schmuckstücken. Ich fahre alle drei Monate zu Ikea, alles andere würde mich überfordern. Dennoch weiß ich schöne Dinge zu schätzen, und so lief ich bewundernd vor mich hin murmelnd durch die Zimmer. Mirko erzählte lang und ungeheuer detailliert, wo und wie er die einzelnen Stücke erworben hatte. Als er gerade gestenreich das dritte Verkaufsgespräch über eine Gründerzeitkommode für mich rekonstruierte, küsste ich ihn, um ihn zum Schweigen zu bringen. Nach ein paar Minuten, wir lagen auf Mirkos Bett und ich hatte bereits meine Bluse aufgeknöpft, hielt er mir unvermittelt einen Vortrag über die Wichtigkeit guter Qualität beim BH-Kauf. Schlecht sitzende BHs könnten zu Verspannungen und Kopfschmerzen führen, es gäbe verschiedene Punkte, die man bei der Wahl beachten müsste. Ich blickte betreten an mir runter, doch er sprach gar nicht konkret von meiner Unterwäsche, sondern gab Wissen wieder, das er offenbar in einem Mittagsmagazin aufgeschnappt hatte. Verwundert überlegte ich, wie ich ernsthaft darauf antworten könne, doch übergangslos ging Mirko zum nächsten Thema über. Frauen würden ihre Sexualpartner nach bestimmten Kriterien wählen, die ihnen gar nicht bewusst seien. Beispielsweise Geruch, körperliche Fitness, Reichtum ... Verschone mich bitte mit dieser Soap-Psychologie, dachte ich und versuchte ihm wieder mit Küssen den Mund zu verschließen. Doch war ich verstimmt. Warum redete er solchen Unsinn? Waren es Stress-Situationen, die Mirko zum Faseln brachten? Hatte er etwa Angst vor mir und wollte Zeit schinden? Aber warum? Hatte ich etwas falsch gemacht? Aber selbst wenn, wie kam er darauf, jetzt mit mir im Bett so herumzufloskeln? Ich öffnete meinen BH-Verschluss, legte seine Hände auf meine Brüste und hauchte verführerisch: »Meine Titten sind in Ordnung.« Stolz bin ich nicht auf den Satz, aber etwas Besseres war mir nicht eingefallen.

»Ja? Aber ...«, begann er tatsächlich, doch ich schob ihn mit sanfter Gewalt auf die Matratze, kniete mich über ihn und leckte mich langsam an seinem Bauch hinunter. Ich ließ seinen halberigierten Schwanz zwischen meine Lippen gleiten, stülpte meinen nassen Mund über ihn und reizte seine Eichel, indem ich sie mit der Zunge gegen meinen Gaumen drückte. Dann begann ich sanft zu saugen. Blasen kann ich, da macht mir niemand etwas vor. Ich spürte, wie sein Körper sich entspannte. Gut so. Doch plötzlich war da wieder seine Stimme.

»Frauen mit kleinen Brüsten sollen ja Probleme haben, Beziehungen aufzubauen.« Vor Schreck hätte ich mich fast an seinem Schwanz verschluckt. »Ihnen fehlt das mütterliche Gen.«

Empört hielt ich inne und richtete mich auf. Was sollte das? War er etwa geisteskrank? Doch wollte ich noch immer nicht aufgeben. Wenn ich mich einmal für jemanden entschieden hatte, war ich hartnäckig. Also versuchte ich, einen Witz daraus zu machen.

»Aber sie können gut blasen!« Ich grinste ihn vielsagend an und kroch langsam wieder an seinem Bauch nach unten. Ich spürte, wie Mirko Gänsehaut bekam, als ich über seine Hüften leckte. Als ich gerade angekommen war und zart seine Eichel beleckte, sagte er tatsächlich so etwas wie:

»Darüber hab ich mal einen interessanten Artikel gelesen.« Fassungslos richtete ich mich wieder auf und starrte ihn an. Er erwiderte meinen Blick, runzelte nachdenklich die Augenbrauen und fuhr fort: »Na ... wo war das denn noch mal? In einer Zeitung war das ... ich komm grad nicht drauf ... na ...« Er legte die Finger zusammen und fuchtelte vor seinen geschürzten Lippen herum, um anzudeuten, dass es ihm auf der Zunge lag.

»Sag mal, bist du nervös?«, knurrte ich, bemüht nicht allzu aggressiv zu klingen.

»Nein!«, unschuldig sah er mich an, noch immer überlegend, in welcher Zeitung er den interessanten Artikel gelesen hatte. »Wieso?«

»Hör mal, ich bin nicht zum Quatschen hierher gekommen!« Jetzt stutzte Mirko. Ich kniete noch immer nackt über ihm und überlegte gerade, noch ein letztes Mal an ihm herunterzugleiten. Danach würde ich mich sofort auf ihn setzen und ihm notfalls den Mund zuhalten.

»Denk nicht, dass ich nicht gerne mit dir rede!«, erklärte ich ihm sicherheitshalber noch. »Aber entweder oder!« Nun zwinkerte ich ihm freundlich zu und glitt schon ganz langsam nach unten, als er sich räusperte.

»Susanne«, sagte er und hob ein wenig den Kopf, so dass sich sein Hals in Falten legte. »Reden ist ganz ganz wichtig. Reden ist die elementare Grundlage einer jeden zwischenmenschlichen Beziehung ...« Das war zu viel! Wollte er mich verarschen? Während ich meine Sachen anzog, dozierte Mirko ununterbrochen über die Wichtigkeit des verbalen Austauschs beim Kennenlernen und Fortbestehen von Beziehungen. »Er laberte mich trocken«, hätte meine Freundin das genannt. Und tatsächlich trieb er mich mit seinem Gerede förmlich aus der Tür. Er hat mir noch zweimal geschrieben, und gab mir die Schuld an unserem missglückten Treffen. Ich dürfe nicht so ungeduldig sein, nicht so drängend und uneinsichtig. Alles ganz freundschaftliche Tipps! Daraufhin hab ich ihn aus meiner Freundesliste gelöscht. Geantwortet habe ich auch nicht, er soll sich seine Brieffreunde doch woanders suchen.

Die 25. Todsünde des Sex: Stillosigkeit

Man sieht sich!

Pia (26) Floristin, Darmstadt
über
Erik (33), Polizist, Darmstadt

Es gibt Frauen, die brechen ein Date ab, nur weil der Mann einen hässlichen Pulli trägt oder weil er bestimmte Läden nicht kennt oder noch nie in New York war. Viele haben völlig unrealistische Vorstellungen und ebenso oberflächliche wie überzogene Ansprüche.

Leider kann ich mich selbst auch nicht ganz davon freisprechen. Manchmal reicht in der Tat ein einziger Satz, um einen Mann völlig zu disqualifizieren. Und das hat nicht unbedingt etwas mit Oberflächlichkeit zu tun!

Letztes Jahr war ich mit Freunden aus München unterwegs und hab in einer Bar jemanden kennengelernt. Ich lehnte an der Theke, um etwas zu bestellen und er bedeutete mir, ich solle doch mal lachen. Eigentlich ziemlich doof, warum versuchen Männer das eigentlich? Wenn ich Lust habe, sie anzulächeln, lächle ich sie an, wenn nicht, dann nicht – normalerweise. Aber ich war bestens gelaunt an diesem Abend und der Fremde sah gut aus, daher verzieh ich ihm die dumme Anmache und tat ihm sogar den Gefallen. Er bezahlte mein Getränk, auch das meiner Freundin, die mir hinterhergekommen war.

»Ich heiß Erik«, stellte er sich vor. Erik hatte eine spöttische Art, vielleicht etwas arrogant, doch das gefiel mir. Wir unterhielten uns kurz. Danach sagte er eigentlich gar nicht mehr viel, fixierte mich aber, während ich mich mit meinen Freunden unterhielt. Ich spürte seine Blicke auf mir, und nur durch seine Anwesenheit war ich aufgeregt und etwas überdreht. Ich blieb an der Theke, in seiner Nähe und vergewisserte mich aus den Augenwinkeln immer wieder, dass er mich weiterhin beobachtete.

Gegen drei Uhr morgens gingen meine Freunde nach Hause, ich blieb. Sofort stand Erik neben mir.

»Möchtest du noch etwas trinken?«

Ich wollte. Um vier Uhr hatte sich der Laden geleert, der Barkeeper hob die Hand zum Abschiedsgruß. Das ließ sich nicht ignorieren, also torkelten auch wir auf die Straße. Einen Moment standen wir unschlüssig in der grauen Nacht, dann griffen wir beide gleichzeitig nacheinander und begannen uns zu küssen. An eine Hauswand gelehnt, knutschten wir wild, während ich überlegte, ob ich ihn vielleicht mit nach Hause nehmen sollte. Ich war mir unsicher, denn eigentlich nehme ich ja keine fremden Männer mit nach Hause. Doch Erik schien mir etwas Besonderes, vielleicht würde ich mich von ihm überreden lassen …

»Ich ruf mal ein Taxi …«, sagte ich und wühlte in meiner Tasche nach dem Telefon.

»Willst du denn schon nach Hause?«, fragte er. »Das wäre ja schade.« Erik griff nach meiner Hand, die gerade die Rufnummer eintippte, und hielt sie fest. »Warte.«

»Ich ruf eins, dann sehen wir weiter.« Er wartete, während ich den Fahrer bestellte, dann umfasste er mein Kinn mit seiner Hand, hob mein Gesicht und küsste mich lange und zärtlich. Dann schaute er mir tief in die Augen. Wärme durchströmte mich. Es war sehr romantisch. Dann sagte Erik:

»Komm doch mit zu mir«, er setzte eine kurze Pause und fuhr dann fort, »ich habe einen großen dicken Schwanz.«

Voller Ernsthaftigkeit blickte er mich an. Hatte ich richtig gehört? *Komm doch mit zu mir, ich habe einen großen dicken Schwanz?!* Ich suchte in seinem Gesicht nach Anzeichen von Ironie, konnte jedoch keine entdecken. Ein Lachen entfuhr mir, eher ein Quieken, es klang ein bisschen hysterisch. Erik blickte mich entgeistert an und fragte: »Was hast du denn?«

In diesem Moment hielt das Taxi neben uns, ich drückte ihm einen schnellen Kuss auf die Wange, murmelte ein »Vielleicht sieht man sich« und stieg in den Wagen. Im Auto war ich froh, dass ich ihn nicht mitgenommen hatte. Wenn er das so gänzlich unverblümt von sich gab, wie sah dann wohl Dirty-Talk mit Erik aus? Ich wollte es nicht wissen.

Die 26. Todsünde des Sex: Rückgratlosigkeit

Reich und Schön

Nadine (33), Verkäuferin, Düsseldorf
über
Georg (34), Anwalt, Hamburg

Diese Geschichte liegt nun schon ein paar Jahre zurück, und sie ist mir peinlich. Ich komme nicht gut dabei weg, und ich bin auch nicht stolz auf das, was ich getan habe. Außerdem war der Sex, um den es dabei natürlich auch geht, gar nicht einmal so schlecht. Schlecht war nur mein Verhalten. Trotzdem will ich alles hier erzählen. Ich glaube, ich muss da einiges loswerden.

Ich stamme aus einer nichtssagenden Kleinstadt am Rande des Ruhrgebiets und, wie man so sagt, aus einfachen Verhältnissen, genauer gesagt sogar aus sehr einfachen.

Mein Vater war LKW-Fahrer, bis ihm ein Verkehrsunfall das Becken und sein rechtes Bein zertrümmerte. Seitdem lebt er auf seinem schmierigen Sofa in unserer Wohnküche. Da hockt er, dürr, mit struppigem Haar, im Sommer im Unterhemd, im Winter im Trainingsanzug, vor sich eine Bierflasche, und liest die kostenlosen Anzeigenblätter, manchmal die *Bild*-Zeitung. Meine Mutter ist eine früh verblühte Schönheit. Verfettet, immer in einem verblichenen Kittel, schiebt sie sich durch die viel zu kleine Wohnung und schimpft vor sich hin, auf uns Kinder, auf ihren Mann, der davon keine Notiz nimmt, und vor allem immer über zu wenig Geld.

Mit meiner zänkischen Schwester musste ich mir ein winziges Zimmer teilen. Sie ist blass und unscheinbar und war schon immer neidisch auf mich. Mit meinen dunklen Haaren, meinem hellbraunen Teint und meinen schwarzen Augen sehe ich auch wirklich viel besser aus als sie, manche sagen wie Halle Berry – die kennt ihr bestimmt, die Schauspielerin, war mal das Bond-Girl in einem James-Bond-Film. Und die Blicke der Männer, die – verstohlen oder offen – die Rundungen meines Körpers abtasten, bestätigen mir meine Wirkung.

Die Wohnung meiner Eltern liegt in einer tristen, grauen Häuserzeile. Im Treppenhaus riecht es nach Kohl, außer sonntags, dann kommt der Geruch von Schweinebraten dazu. In dieser Gegend ist es nicht üblich aufs Gymnasium zu gehen. Einige meiner Freundinnen wechselten nach der Vierten auf die Realschule, aber die meisten blieben auf der Hauptschule, ich auch. Und obwohl ich mich nicht für besonders unterbelichtet halte, schaffte ich nur mit Ach und Krach meinen Hauptschulabschluss. Ich war einfach nicht bereit mich anzustrengen. Wozu auch? Bei den Reizen, die die Natur, der liebe Gott oder wer auch immer dafür zuständig ist, mir mitgegeben hatten, hatte ich das nicht nötig. So wie ich aussehe, würde ich mein Leben auch ohne großartige Schulbildung hinkriegen, glaubte ich.

Nach der Schule erwischte ich eine Lehrstelle im einzigen Modehaus unserer Stadt. Ich war selbst überrascht darüber, aber ein Blick auf meine Brüste schien den Personalchef überzeugt zu haben. Und ich bestand sogar die Abschlussprüfung, wenn auch nur mit Ausreichend. Auf die Dauer war das Leben als Verkäuferin allerdings nichts für mich. Ich fürchtete um meine schönen Beine. Wenn ich die Krampfadern meiner Mutter betrachtete, wurde mir ganz flau. So raffte ich mich immerhin dazu auf, noch eine zweijährige Handelsschule dranzuhängen. Damit galt ich in meiner Umgebung schon als intellektuelle Überfliegerin.

Als ich 14 war, habe ich zum ersten Mal mit einem Jungen aus der Nachbarschaft geschlafen. Ich fand ihn ganz nett, und wir waren etwa ein halbes Jahr zusammen. Nach dem Sex spendierte er mir jedes Mal einen Big Mac bei McDonald's. Das gefiel mir am besten an der Sache. Später kamen noch ein paar andere, aber ein Märchenprinz war bestimmt nicht darunter. Auch wirkliche Freundinnen hatte ich eigentlich nie. Die Mädchen aus meiner Umgebung bekamen früh Kinder und heirateten, oder auch nicht. Überhaupt herrschte bei mir eher ein Mangel an Bindungsfähigkeit. Ich war mittlerweile 22, und nichts hielt mich zu Hause. Ich wollte weg aus dieser Familie, dieser Wohnung, dieser Stadt.

Es war Mitte April, und ich fand im Internet ein Stellenangebot, das mich interessierte. Eine Modeboutique in Westerland auf Sylt suchte – gegen schlechte Bezahlung, versteht sich – eine Verkäuferin für die Sommersaison. Ich bewarb mich und bekam den Job. Meine Chefin besorgte mir sogar eine Bleibe, ein winziges Zimmer in einem Einfamilienhaus, direkt neben dem Schlafzimmer der Hausbesitzer, eines unsäglich spießigen, älteren Ehepaars. Sogenannte Herrenbesuche waren untersagt.

Trotzdem fühlte ich mich auf Sylt ganz wohl. Es gab genügend Männer, die mich einluden – zum Essen, zu Ausflügen oder zum Segeln, meist Familienväter oder zumindest verheiratet. Natürlich erwarteten die meisten eine Gegenleistung für ihre vermeintliche Großzügigkeit. Na ja, manchmal tat ich ihnen den Gefallen, wenn mir danach war. Ein Märchenprinz war auch hier wieder nicht dabei.

An einem schönen Sommertag stand ich vor der Boutique, betrachtete die Passanten und rauchte. Meine Chefin sah das zwar nicht gerne, aber sie war gerade in der Mittagspause. Da bemerkte ich zwei junge Männer, die so taten, als betrachteten sie die Auslagen in dem Nachbargeschäft, einem Laden für Kinderkleidung, der sie bestimmt nicht interessierte. Der eine war eher klein und stämmig, der andere groß, schmal, mit rötlich-blondem Haar und Brille. Sie mochten etwa 27 oder 28 sein. Verstohlen schauten sie mehrmals zu mir herüber. Offenbar sprachen sie über mich, trauten sich aber nicht, mich anzusprechen. Dann verschwanden sie in einem Restaurant, in das ich mich schon einmal hatte einladen lassen, das ich mir von meinem schäbigen Lohn selbst aber nie hätte leisten können.

Am nächsten Tag um dieselbe Zeit stand ich wieder rauchend vor dem Geschäft, als die beiden auftauchten. Diesmal ermunterte ich sie mit einem gekonnten Augenaufschlag mich anzusprechen, und sie luden mich ein, mit ihnen essen zu gehen. Ich sagte meiner Kollegin Bescheid; es war Mittagszeit, und im Geschäft war es ruhig. Also zog ich mit den beiden los, aber vor dem Restaurant – es war wieder dasselbe teure wie am Tag vorher – murmelte der Kleinere, er müsse noch was besorgen, zur Bank gehen oder so. Er tauchte an diesem Tag auch dezenterweise nicht mehr auf, und so ging ich mit dem großen Blonden allein zum Essen.

Er hieß Georg von B., war Rechtsreferendar in Hamburg, stand kurz vor seinem Großen Staatsexamen und würde danach in die schon von seinem Großvater gegründete Rechtsanwaltspraxis eintreten. All das hörte ich mir zunächst mit mäßigem Interesse an. Aber er schien kein Angeber zu sein, eher ein wenig schüchtern und vor allem ganz anders als die Männer, mit denen ich bisher zu tun gehabt hatte, und das gefiel mir. Nach dem Essen sagte ich im Geschäft Bescheid, dass ich heute etwas später aus der Mittagspause zurückkommen würde, und wir spazierten über den Deich in die Dünen. An einer unbeobachteten Stelle hielten wir an und küssten uns, das heißt, ich brachte ihn dazu, mich – etwas unbeholfen – zu küssen. Dann ließen wir uns in eine sonnenwarme Sandkuhle fallen, und ich holte ihm einen runter, nur so mit der Hand, mehr war nicht drin, schon wegen der Spaziergänger, die jeden Moment auftauchen konnten. Ich erinnere mich aber, dass ich noch nie so helles Schamhaar gesehen hatte.

Für den Abend hatten wir uns zum Essen verabredet, und danach gingen wir in eine kleine Kneipe, wo ein angeblich weltberühmter Pianist mit seinem Trio modernen Jazz spielte. Ich verstehe nicht, wie jemand so ein Geklimper gut finden kann, aber Georg schien es zu gefallen, und deshalb sagte ich nichts. Er war ein kluger und witziger Unterhalter, und so brauchte ich selbst nicht viel zu sagen. Immerhin hatte ich inzwischen gelernt, dass es besser ist, die Klappe zu halten, wenn man seine Blödheit verbergen will. Und weil er mir in seiner mir fremden Art immer besser gefiel, wollte ich natürlich nicht, dass er mir auf die Schliche käme, bildungsmäßig meine ich.

Als die Kneipe zumachte, merkte ich trotz seiner Zurückhaltung, dass er mich noch nicht gehen lassen wollte, und auch ich war durchaus neugierig, wie es mit ihm weitergehen würde. Er habe mit seinem Freund Ben gemeinsam ein Hotelzimmer, und er meinte, dass wir deshalb da nicht hingehen könnten. Mich hätte der Freund eigentlich nicht gestört. In der Hinsicht war ich einiges gewohnt. Also gingen wir in meine winzige Bude, obwohl ich damit einen Rausschmiss riskierte, aber um das Loch wäre es sowieso nicht schade. Allerdings würden meine pingeligen Vermieter mich sicher bei meiner Chefin verpetzen, wenn sie etwas merkten. War mir aber auch ziemlich egal.

Da standen wir nun etwas verlegen, eingeklemmt zwischen meinem wackligen Tisch mit den beiden Stühlen und dem schmalen Bett. Ich nahm Georg die Brille ab, legte sie auf den Nachttisch und zog ihm das teure Leinenjackett aus. Er stellte sich wirklich etwas dusselig an. Ich musste nicht nur mich selbst, sondern auch ihn ausziehen und ihm dabei das Gefühl lassen, er sei Herr des Geschehens. Sein blasser, mit Sommersprossen übersäter Körper war schmal, aber durchaus sportlich und muskulös. Wie ich später erfuhr, war er ein erfolgreicher Tennisspieler. Sanft zog ich ihn aufs Bett. Er legte sich auf mich und tat – ungeschickt –, was zu tun war. Offensichtlich hatte er auf sexuellem Gebiet weniger Erfahrung als im Tennis. Er kam viel zu früh, jedenfalls für mich. Dann aber schien er Gefallen an der Sache gefunden zu haben, und beim dritten Anlauf brachte er auch mich zum Höhepunkt.

Am nächsten Morgen kam es, wie ich es befürchtet hatte. Schon als Georg und ich das kleine Gemeinschaftsklo benutzten, hörten wir meine Wirtsleute in ihrem Schlafzimmer rumoren. Und als wir fertig angezogen das Zimmer verließen, standen die beiden mit versteinerten Mienen und grußlos im Treppenhaus.

Am Abend fand ich die fristlose Kündigung unter meiner Tür, und am Tag darauf wusste auch meine Chefin Bescheid.

Obwohl Georg als angehender Jurist meinte, die Kündigung meiner Vermieter sei nicht in Ordnung, wollte ich dort nicht länger wohnen und fand auch bald eine neue Bleibe. Die beiden nächsten Nächte verbrachte ich aber bei Georg in seinem Hotelzimmer. Mittlerweile schien ihn auch sein Freund Ben nicht mehr zu stören. Allerdings wusste er bestimmt nicht, dass der mich aus halb geschlossenen Lidern heimlich beobachtete, wenn ich auf Georg ritt. Ich jedenfalls genoss dieses Spiel.

Dann war Georgs Urlaub zu Ende. Als ich ihn am Bahnhof in Westerland verabschiedete, vereinbarten wir, dass ich ihn für zwei, drei Tage in Hamburg besuchen würde, wenn mein Job auf Sylt Anfang Oktober zu Ende wäre. Der Rest der Saison verlief dann ohne besondere Ereignisse – übrigens auch ohne nennenswerte Affären.

Als Georg mich am Hamburger Hauptbahnhof abholte, erschien er mir noch schmaler, als ich ihn in Erinnerung hatte. Wahrscheinlich hatten ihn seine Examensvorbereitungen so mitgenommen. Aber mit seinem feinen Kaschmirjackett und dem hellblauen Hemd sah er trotzdem wahnsinnig elegant aus, richtig vornehm. Er umarmte und küsste mich, und ich spürte sofort seine Begierde.

Seinen Wagen hatte er in einer Tiefgarage in der Nähe des Bahnhofs abgestellt, einen nagelneuen 5er BMW.

»Ist das deiner?«

»Er läuft über die Kanzlei.« Wenn ich seine Antwort richtig auslegte, bedeutete das, dass ihm das Auto zur freien Verfügung stand und er nichts dafür zu bezahlen brauchte. Georg fuhr durch die Stadt in Richtung Blankenese. Ihr könnt euch nicht vorstellen, was da für Häuser rumstanden! Ich durfte nicht an meine heimatliche Mietskaserne denken, sonst wäre mir übel geworden. Vor einem riesigen schmiedeeisernen Tor hielt Georg an. Das Tor öffnete sich, und der schwere Wagen glitt knirschend über den

Kies einer weitläufigen Auffahrt. Das Haus war eine alte Villa, so mit Türmchen und Erkern, fast schon ein kleines Schloss.

Georgs Eltern empfingen uns auf der breiten Treppe, die zum Haus führte, sie eine gestylte und geliftete Bohnenstange, er ein stämmiger Mensch mit energischem Doppelkinn, das genaue Gegenteil von Georg. Sie behandelten mich mit einer schönen, falschen Herzlichkeit. Mir war klar, in ihnen würde ich meine natürlichen Feinde haben.

Ich wurde in einem Gästezimmer im Dachgeschoss einquartiert, hell, mit Blick über die Elbe und mit teuren, modernen Möbeln geschmackvoll eingerichtet. Noch nie in meinem Leben hatte ich ein so nobles Zimmer für mich allein. Übrigens schlich Georg sich in den beiden kommenden Nächten, die ich dort verbrachte, zu mir, und wir schliefen miteinander. Heimlich wie Schüler auf Klassenfahrt. Es war verlogen und lächerlich.

Am nächsten Tag zeigte Georg mir Hamburg, den Hafen, die Speicherstadt, natürlich die Reeperbahn und die Luxusläden nahe der Binnenalster. Ich war beeindruckt! In dieser Stadt wollte ich wohnen. Abends nahm er mich mit in die Oper. Sie spielten da so eine Geschichte von einem reichen und eifersüchtigen Schwarzen, der am Schluss seine Frau umbringt, nur weil ein falscher Freund ihm erzählt, sie wäre ihm fremdgegangen. Eine völlig beknackte Story! So was hatte ich noch nie erlebt. Die Musik war ja ganz schön, aber dass alles nur gesungen wurde, fand ich ziemlich hirnrissig. Natürlich behielt ich meine Meinung vorsichtshalber für mich.

Als Georg mich zwei Tage später an den Bahnhof brachte, war ein Entschluss in mir gereift: Ich wollte dazugehören, wollte teilhaben an dem Wohlstand, den ich erlebt hatte. Und Georg sollte die Leiter zu meinem sozialen Aufstieg sein. Dazu würde ich alles einsetzen, was mir zur Verfügung stand: mein hübsches Gesicht, meinen Körper, dessen Wirkung auf Männer ich oft genug erlebt hatte, und einiges an weiblicher Raffinesse. Mehr hatte ich allerdings auch nicht zu bieten.

Die ersten Tage in der muffigen Wohnung meiner Eltern waren der reine Horror. Kein Job, kein Geld, nur das Gejammer meiner Mutter und das Fluchen meines Vaters. Ich musste wieder weg aus dieser Hölle. Also suchte ich im Internet einen Job als irgendwas – jedenfalls aber in Hamburg. Und tatsächlich fand ich nach ein paar Fehlschlägen eine Stelle als Sekretärin in einer Autowerkstatt. Na ja, Sekretärin ist leicht übertrieben. Sie suchten ein Mädchen für alles, vom Kaffeekochen bis zu einfachen Büroarbeiten, und von der Bezahlung will ich lieber gar nicht erst reden. Aber ich sagte zu und suchte mir auch ein billiges Zimmer, was überhaupt nicht einfach war – alles ohne Georg vorher Bescheid zu sagen. Wahrscheinlich hatte ich Angst, er könnte mir alles wieder ausreden. Etwas beklommen rief ich ihn von Hamburg aus an und stellte ihn vor die vollendete Tatsache, dass ich jetzt in Hamburg wohnte. Längeres Schweigen! Dann nach etwa einer Minute: »Ist ja toll. Wann sehen wir uns?«

In der Folgezeit war Georg mit seinen Examensvorbereitungen beschäftigt, aber er fand immerhin noch die Zeit, einmal die Woche zu mir zu kommen, um mit mir zu vögeln, meist donnerstags. Anschließend gingen wir dann zu seinem Stammtisch in einer Kneipe in der Innenstadt, wo ich auch seine Freunde kennenlernte. Alle waren richtig nett zu mir, sogar die Mädchen. Überhaupt kein neidvoller Zickenkrieg, ehrlich! Sie sprachen über alles Mögliche: Politik, Filme, Jazz, klassische Musik, die Uni, nur leider nie über Sachen, von denen ich etwas verstand. Also hielt ich klugerweise die Klappe. Sie nahmen wohl an, ich wäre schüchtern. Nur eins der Mädchen hatte mich schnell durchschaut. Sie hieß Elke und studierte Pädagogik oder so was. Sie kam aus ähnlichen Verhältnissen wie ich und verstand mich. Wir wurden Freundinnen – glaubte ich zumindest.

Im folgenden Februar bestand Georg sein Examen mit »voll befriedigend«. Das scheint bei Juristen was ganz Tolles zu sein. Jedenfalls feierte die Familie das Ereignis mit einem riesigen Fest in ihrer Villa. Ich war nicht eingeladen. Ein Punktverlust in meinem Aufstiegskampf, aber es blieb trotzdem bei unserem wöchentlichen Sex.

Dann aber, Mitte März, geschah etwas Unerwartetes. Es war ein warmer Vorfrühlingstag. Georg und ich gingen in der Sonne am Elbufer spazieren, als er mir plötzlich eröffnete: »Ich gehe für ein halbes Jahr nach München, in die Kanzlei eines Freundes meines Vaters. Ich muss ein bisschen Erfahrung sammeln.«

Das hatte sein Vater eingefädelt, um mich loszuwerden. Da war ich mir sicher. Ich schluckte.

»Ich bin schwanger.«

»Was?«

»Ich bekomme ein Kind von dir. Ist das so schwer zu verstehen?«

Mein Gott! Was war da in mich gefahren? Ich schwöre, ich hatte nicht geplant, ihm diese Lüge überzubraten. Aber nun war es einmal raus, und ich blieb dabei.

»Aber wie konnte das passieren? Bist du sicher? Willst du es bekommen?«

»Gleich drei Fragen!«, gab ich etwas spöttisch zurück, »zu eins: Mein Frauenarzt hat gesagt, ich kann keine Kinder bekommen, irgendwas wäre mit der Gebärmutter. Deshalb habe ich die Pille abgesetzt. Ist schließlich kein Spaß, jahrelang das Zeug zu schlucken. Zu zwei und drei: Ja! Ich bin sicher und werde es nicht wegmachen lassen.«

» Und wie soll es nun weitergehen?« Er schien völlig verstört.

»Lass uns heiraten. Ich habe dich wirklich gern, und ich glaube du mich auch.«

Dabei nahm ich seine Hand und drückte meine Brüste gegen seinen Oberarm, weil ich wusste, dass ihn das anmacht. Aber diesmal versagte meine Kunst. Er schwieg, und ich sah von der Seite, wie seine Kiefer mahlten. Er schien noch blasser als sonst. Vermutlich überlegte er, wie er die Geschichte seinen vornehmen Eltern beibringen sollte.

Ihr könnt mir glauben, ich fühlte mich beschissen, aber ich blieb hart. Ich ließ ihn schmoren. Nach einer langen, peinlichen

Pause hatte er sich zu einer Entscheidung durchgerungen: »Okay, wenn ich im Sommer aus München zurückkomme, können wir heiraten. Wenn du es dir nicht doch noch anders überlegst.«

Als wäre alles allein meine Entscheidung! Er will mich eigentlich gar nicht! Vielleicht hofft er, dass ich doch noch abtreibe, oder auf eine Fehlgeburt oder auf eine andere wunderbare Rettung, wie auch immer die aussehen mochte.

Er wollte jedenfalls Zeit gewinnen. Ich war gekränkt und fühlte mich mies behandelt. Am liebsten hätte ich ihm eine in seine feine Fresse gehauen. Meine Lüge hatte ich völlig vergessen. Ich hatte mich so in meine Geschichte hineingesteigert, dass ich fast selbst daran glaubte. Deshalb ging mir erst jetzt auf, dass mein schöner Plan mit einer Verschiebung der Hochzeit auf den Sommer geplatzt war. Dann wäre klar, dass ich nicht schwanger war, und aus der Hochzeit würde nichts. Ich musste mich zusammennehmen, um nicht alles kaputtzumachen.

»Warum erst im Sommer? Wir könnten doch auch jetzt heiraten, bevor du nach München gehst.«

»Das geht nicht, schon wegen der ganzen Vorbereitungen. Außerdem kommt es auf die paar Monate bestimmt nicht an.«

Es war ein verdammter Mist! Aber was sollte ich machen? Natürlich wollte ich ihn auch nicht misstrauisch machen.

»Gut, dann eben erst im Sommer«, gab ich klein bei, ohne zu wissen, wie ich aus diesem Schlamassel wieder herauskommen sollte.

In den nächsten Tagen schliefen wir noch ein oder zwei Mal miteinander, aber Georg schien nicht mehr mit der alten Begeisterung bei der Sache zu sein, und dann reiste er ab.

»Bis zum Sommer«, sagte er, als er schon abfahrbereit in seinem BMW saß.

»Bis zum Sommer.«

Jetzt musste ich meinen Plan ändern. Ungeschoren sollte der verwöhnte Typ jedoch nicht davonkommen. Also rief ich ihn in der Münchener Anwaltskanzlei an.

»Ich hab's mir wirklich lange überlegt. Aber ich glaube, wir passen doch nicht zusammen. Außerdem würden deine Eltern mich niemals akzeptieren.«

Damit hatte ich ausnahmsweise recht.

»Wenn du das wirklich meinst«, gab er in coolem Ton zurück, aber ich spürte seine Erleichterung geradezu durch das Telefon. »Und was ist mit dem Kind?«

»Ich lasse es wegmachen, und ich gehe zurück, nach Hause. Aber ich brauche Geld. Ich bin pleite.«

»Wie viel brauchst du?«

»Na ja, ich denke mindestens fünfzehntausend.«

Pause.

Dann: »Fünfzehntausend Euro? Wofür?«

»Ich brauche eine Wohnung, ein Auto, und eine Überbrückung, bis ich einen neuen Job habe.«

Wieder längeres Schweigen. Er schien zu überlegen, aber ich ließ ihn zappeln. Schließlich hatte er keine Wahl. Er musste auf meine Forderung eingehen, wenn er mich loswerden wollte.

Schließlich sagte er mit eisiger Stimme: »Also gut, ich werde mir das Geld von meinen Eltern leihen. Aber das ist das Ende zwischen uns. Gib mir deine Kontonummer.«

Von dem Geld kaufte ich mir einen gebrauchten Golf, ein paar Möbel und Klamotten und zahlte die erste Miete und die Kaution für eine kleine Wohnung in Düsseldorf. Ein Aufstieg in die Gesellschaft der Reichen und Schönen war es nicht gerade. Das hatte ich mir anders vorgestellt.

Mit den Leuten, die ich in Hamburg kennengelernt hatte, hatte ich von da an keinen Kontakt mehr, außer mit Elke, von der ich schon erzählt habe. Wir haben ein paar Mal miteinander telefoniert, und ich habe ihr blöderweise die ganze Geschichte erzählt.

Die dumme Kuh hatte nichts Eiligeres zu tun, als Georg über meine Lüge aufzuklären. Das habe ich erfahren, als mich eines Tages sein Freund Ben – ihr erinnert euch, der mir heimlich beim

Vögeln zugesehen hatte – anrief und mich als üble Schlampe und Betrügerin beschimpfte. Ich hab schnell aufgelegt. Ganz unrecht hatte er natürlich nicht. Wie Georg reagiert hat, habe ich nie erfahren.

Die 27. Todsünde des Sex: Unbedarftheit

… In der ersten Reihe

Christina (27), Sozialpädagogin, Berlin
über
Andreas (26), Sportstudent, Dresden

Ich kann mich nicht mehr erinnern, warum ich damals zugesagt habe. Bierzelte haben mich doch noch nie gelockt. Wohl nur meiner besten Freundin Ines zuliebe, habe ich die Einladung zu diesem Ableger des Oktoberfestes im kargen Diedersdorf angenommen und bin die nicht unerhebliche Strecke gefahren, um mit meiner Freundin und ihren Eltern am Diedersdorfer Oktoberfest teilzunehmen.

Am frühen Abend waren wir bei Ines' Eltern eingeladen, die in Diedersdorf eine kleine Laube hatten. Sie waren im Dorf irgendwie ehrenamtlich tätig, wodurch ihnen die Ehre zuteil wurde, bei dem ominösen Bierfest einen Tisch an vorderster Front reservieren zu können. Dort, so wurde mir berichtet, hatte man die beste Sicht. Auf die Theke? Die Band? Die anderen Gäste? Nein, der jährliche Höhepunkt war die Wahl der Miss Diedersdorf! Das klang nun nicht allzu spannend, aber ich war ja mit meiner Freundin da, und wir haben eigentlich überall Spaß. Ines ist Single, so wie ich ganz frisch, und durch Lebenslust und Neugierde gestärkt, kann ich nicht sagen, dass wir uns je gelangweilt hätten.

Das Abendessen in der Laube, »die Grundlage«, wie Ines' Vater grunzte, war von Anekdoten der vergangenen Festerlebnisse getragen, die meine Erwartungen nicht gerade steigerten. Angeheitert zogen wir anschließend Richtung Bierzelt. Dies war wie eine fliegende Untertasse auf einem Acker gelandet, auf dem sich sonst Salatköpfe in den Himmel reckten.

Ines' Familie wurde mit großem Hallo begrüßt. Viele der Gäste kannte meine Freundin schon aus frühester Kindheit und ich beobachtete mit leisem Misstrauen die inzestuös anmutenden Begrüßungsrituale. Wir fanden unseren Tisch, tranken sehr schnell sehr viel und meine Laune stieg. Immer weniger störten mich die rauen Umgangsformen der Diedersdorfer Jugend, die dorfgerechte Unterhaltungsmusik, das irgendwie beängstigend synchrone Schunkeln der Ü50-Liga und bald stimmte ich lauthals beim »Oans, zwoa ...Gsuffa!!!« mit ein. Ich muss gestehen, dass es immer lustiger und exzessiver vor sich ging, und bald kannten wir alle Leute um uns rum. Wir freundeten uns sogar heimlich mit dem Bürgermeister an, der seinen Tisch gleich neben uns hatte und mussten infolge für unser Bier nicht mehr zahlen. Ein Nicken Richtung Bürgermeistertisch reichte aus, und auch wenn wir uns die zornigen Blicke seiner Gattin zuzogen, merkte der Obermeister nichts. Auch der eine oder andere Bursche kam mir trotz Sparhaarschnitt und den regionalen Spracheigentümlichkeiten bald nicht mehr ganz so unsympathisch vor. Mitten im Tohuwabohu ertönte eine laute Stimme hinter mir.

»Was machst *Du* denn hier?«

»Andreas?«

»Mensch, Christina ...wie geht's dir denn?«, Andreas hatte ich bestimmt acht Jahre nicht mehr gesehen. Er war früher in der Schule mein heimlicher Schwarm gewesen. Leider hatte es mit uns nie geklappt, denn Andreas hatte lange Zeit eine bösartige Freundin, die raubvogelhaft über ihn wachte. Zwar war er auf den ersten Blick kein Traummann – Andreas war zugleich Klassensprecher, Klassenclown und Klassenkleinster gewesen –, doch er brachte mich stets zum Lachen und war eine Sportskanone. Auf Sportler stand ich schon immer und in den vergangenen acht Jahren war Andreas sogar noch etwas gewachsen.

»Ich bin hierher eingeladen worden, von Ines. Ines kennst du doch noch? Sie war früher eine Klasse über uns ... ihre Eltern haben hier ne Laube ...«

»Ich weiß«, unterbrach mich Andreas schelmisch, »meine Eltern auch. Nur dass ich dich hier treffe, hätte ich niemals vermutet!« Ich nahm das als Kompliment. Man konnte Andreas ansehen, dass er schon mehrere Bierkrüge geleert hatte, zutraulich blieb er an meiner Seite. Mit der Habichtfreundin war es sicherlich vorbei und ich freute mich sehr, ihn zu sehen! Als er mir gerade einen Abriss der letzten Jahre gab, wobei er die Vokale immer beachtlicher dehnte, wurden wir durch lautes Trompeten unterbrochen. Hurra, die Misswahl begann! Andreas kannte das schon.

»Die Wahl ist der Horror! All die gescheiterten Existenzen aus der Umgebung hoffen hier auf einen glamourösen Start in ein neues Leben. Ganz böser Trash! Komm mit nach vorne, du wirst deinen Spaß haben.«

Etwas widerwillig ließ ich mich an Andreas' Hand bis zu dem Tisch zwischen unserem und dem des Bürgermeisters ziehen.

»Hier, das ist der Tisch meiner Familie, hier hat man eigentlich die beste Sicht, ist wie in der ersten Reihe ...!«, sagte Andreas beiläufig. Das kam mir bekannt vor. Als der Bürgermeister sah, wie mich ein junger Mann auf den Tisch heben wollte, sprang er auf und wollte scharf protestieren. Da drehte sich Andreas um und lachte ihn an. »Der Oandi!«, gurrte der Bürgermeister freudig. »Mensch Mädel, da hascht dir aba nen Schmankerl ausgesucht!« Das fand ich auch! Zur Bekräftigung rammte er meinem Begleiter den Ellbogen in die Seite, so dass Andi gegen mich prallte und ich schwungvoll gegen die Herrschaften links von mir stieß. Wie von einem unsichtbaren Dirigenten befehligt, verwandelte der Schubser sich in eine Woge des Schunkelns und trieb im Bierzelt von uns weg. Andreas prostete mir zu und wir nahmen einen Schluck aus unseren Krügen.

Erneut ertönten die Trompeten, und ein kleiner Vorhang öffnete sich. Wir kletterten doch noch auf den Tisch, um besser sehen zu können. Nach kurzem Zögern stöckelte die erste Kandidatin auf die Bühne und sofort verspürte ich einen Anflug von Mitleid. Warum tat sie das? Blond gesträhnt, bereits etwas verlebt, dafür stark gebräunt. Ihr Lächeln wirkte steif, wie nach einer missglückten Botox-Sitzung. Trotzdem schien sie ihre Wirkung hier nicht zu verfehlen, der Saal tobte. Sie tänzelte bis zur Hauptbühne, wo die »Band« ihre Festung hatte und der Bürgermeister, der eben noch neben uns randaliert hatte, nun mit einem Klemmbrett, einem Mikrofon und stolz herausgestrecktem Bauch wartete. Kurz vor ihm drehte sich Kandidatin Nummer eins, klimperte mit ihren falschen Wimpern erst Richtung Bürgermeister, dann Richtung Publikum, wartete das obligatorische Gegröle ab und wackelte dann brav wieder Richtung Vorhang. Einmal blieb sie noch stehen, reckte die Brust hervor und schürzte die Lippen. Der Saal tobte. Also legte sie den Kopf schief und streckte ihren Hintern raus. Noch mehr Gegröle, ein gelungener Auftritt!

Kandidatin zwei stolzierte nun mit gezückten Zahnreihen wie eine Aufziehpuppe aufs Parkett, um dem Publikum mit einer kleinen Tanzdarbietung zu imponieren. Zu »Sexbomb« natürlich. Wahnsinn! Inzwischen waren wirklich alle Gäste auf den Tischen und die Stimmung war euphorisch. Immer weitere Kandidatinnen traten vor und ich musste in der remplerischen Ausgelassenheit aufpassen, nicht vom Tisch zu fallen. Schon aus praktischen Gründen war ich froh, dass Andreas seinen Arm um mich gelegt hatte. Die Misswahl zog sich ewig. Obwohl die Sache an sich ziemlich fad war, grölte auch ich höflich, denn ich muss sagen, dass ich immer mehr Gefallen an Andreas fand.

Irgendwann zwischen der siebten und neunten Kandidatin drehte mich meine Jugendliebe zu sich, strich mir zärtlich übers Gesicht und küsste mich. Ich erwiderte den Kuss und wir standen eng umschlungen auf dem bebenden Biertisch. Dann flüsterte mir Andi etwas in Ohr, das ich durch die immense Lautstärke nicht verstehen konnte. Ich sah ihn fragend an, was er als Zustimmung deutete. Er sprang vom Tisch, hob mich zu sich runter und zog mich Richtung Hauptausgang. Ich blickte mich nach Ines um, die noch immer am Tisch ihrer Eltern saß, aber nicht in meine Richtung schaute.

Draußen war ich froh, frische Luft atmen zu können. Außerhalb des Zeltes war es ruhig und friedlich. Der wirklich winzige Rummel vor dem Festzelt, der aus genau einem Karussell, einer Schieß- und einer Greifbude bestand, war komplett verlassen. Wir setzten uns auf eins der Karussellpferdchen und machten da weiter, wo wir aufgehört hatten. Nach kurzer Zeit begann es zu regnen und Andreas zog mich weiter.

»Da hinten steht mein Auto«, flüsterte er verschwörerisch. Alkohol weckt Wünsche, die man eigentlich gar nicht hat, und plötzlich fand ich es eine prima Idee, mit Andi mitzugehen. Bereitwillig folgte ich ihm zu dem Parkplatz. Andreas fingerte etwas umständlich einen Autoschlüssel aus seiner Hosentasche. In dem kleinen Polo schaltete Andreas das Radio ein, dann klappte er umständlich die Sitze nach hinten, wir küssten uns und begannen, uns aus unseren Klamotten zu schälen. Etwas halbherzig und unentschlossen machte ich mit. Ich fand es vor allen Dingen bizarr, dass ich jetzt hier mit Andreas, meinem Jugendschwarm, auf einem Dorffest im Auto gelandet war. Das Bierzelt musste einige Meter entfernt sein, trotzdem vernahm ich noch deutlich das Gejohle und Gegröle. Offenbar ging die groteske Misswahl ihrem Höhepunkt entgegen. Eingelullt von dem Tropfen des Regens auf dem Autodach, der Musik aus dem Radio und dem fernen Gejohle ließ ich Andreas meine Hose zu den Füßen runterziehen.

Plötzlich ging alles sehr schnell. Anders als in meinen Klassenfahrtsfantasien schob Andreas einfach meine Beine auseinander und wälzte sich schwer auf mich. Der Steuerknüppel drückte unangenehm gegen mein Knie und irgendetwas Krümeliges, das sich später als halber Schokoriegel entpuppen sollte, hatte sich in meinen Haaren verklebt. Irgendwie hatte ich mir das damals mit Andreas immer anders vorgestellt. Als er in mich eindrang, begann er zu grunzen, was nun auch meine letzten romantischen Vorstellungen zunichte machte. Obendrein wurde mir etwas übel, da die Luft im Auto inzwischen stickiger als im Bierzelt war. Die Scheiben waren dermaßen beschlagen, dass man von der Außenwelt nur noch schemenhafte Bewegungen wahrnehmen konnte. Moment mal, Bewegungen? Das musste ich mir einbilden. Ich schloss kurz die Augen, doch sofort drehte sich alles um mich. Andreas' Grunzen, das anfänglich dem eines Ebers geglichen hatte, klang nun wie das eines neu geborenen Ferkels. Ich öffnete die Augen lieber wieder. War da etwa wirklich eine Bewegung vor der Scheibe? Gerade als ich meinen Kopf drehen wollte, um mir Gewissheit zu verschaffen, dass uns niemand von draußen zusah, erschlaffte der Körper über mir und mit einem letzten lauten Grunzton sank er zur Seite auf den Fahrersitz. Das war's schon?, dachte ich, ebenso erstaunt wie erleichtert. Er war doch grad erst in mich eingedrungen. Oder hatte ich etwa auch mein Zeitgefühl verloren?

Da ich jetzt wieder freie Sicht hatte, merkte ich, dass nicht alle Scheiben beschlagen waren. Einige größere Teile des Fahrerfensters, dort wo Andreas' Hintern eben an der Scheibe entlanggerutscht war, waren glasklar. Ich richtete mich auf und blickte hinaus – direkt in ein paar grinsende Gesichter. Entsetzt quiekte ich auf und blickte panisch nach rechts und dann nach links über den noch immer schwer atmenden Andreas. Um den Wagen herum waren Menschen zu erkennen und mir wurde schlagartig bewusst, dass das Gejohle nicht nur im Bierzelt, sondern auch vor unserem Auto stattgefunden hatte. Wir hatten tatsächlich nichts gemerkt, Musik und Trunkenheit hatten uns wie eine Blase eingehüllt. Andreas schielte noch immer durch halbgeschlossene Lider an die Wagendecke und kriegte nichts von meiner Aufregung mit.

Reflexartig langte ich nach meinen Sachen und versuchte mich schnellstmöglich anzuziehen. Es ging ganz flott, da Andreas sämtliche Kleidungsstücke nur zur Seite, nach oben oder nach unten geschoben hatte. Ich schnappte meine Tasche und öffnete die Wagentür. Flucht nach vorn! Ich kann nicht mehr sagen, wie groß die Meute war, die sich um den kleinen Polo geschart hatte.

Der einsetzende Jubel klang dem bei der Misswahl mächtig ähnlich und ich bin froh, dass ich mich an Genaueres heute nicht mehr erinnern kann. Verspottet, verhöhnt und mit gesenktem Blick drückte ich mich durch den Mob. Nur weg hier.

Ich schlug einen Haken um die Dixie-Toiletten und rannte weiter Richtung Zelt. Das Fest hatte seinen Höhepunkt allmählich überschritten, doch noch immer schlug mir fidele Schlagermusik aus mittlerweile heiser gesungenen, entzündeten Kehlen entgegen. Viele Gäste hatten ihre Köpfe auf die Tischplatten gelegt und man konnte die eine oder andere verzweifelte Frau dabei beobachten, wie sie versuchte, ihren Gatten Richtung Ausgang zu zerren. Die Türsteher zogen gerade eine Alkoholleiche, die unter einem Tisch in einer großen Pfütze lag, hervor. Der Bürgermeister stand noch immer auf der Bühne und raunte unverständliche Worte in das inzwischen abgedrehte Mikrofon. Von Ines und ihren Eltern fehlte jede Spur. Also verließ ich das Schlachtfeld und suchte auf dem Parkplatz weiter.

In einiger Entfernung konnte ich sehen, dass um den weißen Polo noch immer Leute versammelt waren. Verdammt, dachte ich, wahrscheinlich kassiert Andreas gerade die Eintrittsgelder für unsere Nummer. Doch als ich näher an den Ort des Geschehens kam, sah ich, dass Andreas von etwa fünf oder sechs nicht gerade freundlich aussehenden Kurzhaarschnitten umringt war. Andreas schien die Situation nicht wirklich unter Kontrolle zu haben, er wurde gerade von einem der Jungs gegen sein Auto geschubst.

»Machst hier die große Show, oder was?!«, keifte der Halbstarke neidvoll.

»Und unsere Frauen will er och gleich für sisch!«, unterstellte ein weiterer zänkisch. Andreas wollte gerade etwas erwidern, da flog eine erste Faust in sein Gesicht. Empört schrie er auf: »Ihr spinnt wohl, ihr Bauern!« Keine gute Taktik, befand ich aus meiner Beobachtungsposition. In diesem Moment klingelte mein Handy. Ines.

»Wo steckst du denn? Wir warten hier am Auto auf dich. Weißt du noch wo? Am vorderen Teil des Parkplatzes?«

»Ich ... ich glaube, wir brauchen hier Polizei oder Security oder so ...«, stotterte ich in mein Telefon.

»Was? Ich hör dich kaum! Komm nach vorn zum Parkplatz! Beeil dich, wir wollen los.« Ines legte auf. Andreas hatte inzwischen vier weitere Schläge kassiert, und wie er da so inmitten des schubsenden und schlagenden Mobs stand, tat er mir schrecklich leid. Das hatte er wirklich nicht verdient. Sollte ich Hilfe holen? Aber das würde viel zu lange dauern. Ich gab mir einen Ruck und marschierte strammen Schrittes Richtung Meute.

»Die Polizei ist gleich hier, also lasst von ihm ab, Jungs ...«, zirpte ich der Ansammlung von Testosteron entgegen. Irritiert blickte die Dorfjugend mich einen Moment lang an. Dann lösten sich zwei aus der Gruppe und kamen langsam und bedrohlich auf mich zu. Was wollten die von mir? Man würde hier in Diedersdorf doch nicht etwa Mädchen schlagen? Ich wich zurück.

»Was ist denn hier verdammt noch mal los?«, ertönte eine laute Stimme hinter mir. Ich drehte den Kopf und sah, dass vier der Sicherheitshünen aus dem Zelt gekommen waren und auf die Schläger zuliefen. Gerettet! Die beiden, die eben noch auf mich losgehen wollten, machten sofort kehrt. Andreas taumelte nach links Richtung Büsche und verschwand in der Dunkelheit, als einer der Securityschränke mich am Arm fasste und sagte: »Am besten, du haust jetzt auch ab!«

Ich kam der höflichen Aufforderung nach, nichts lieber als das. Andreas blieb verschwunden, also lief ich zum vorderen Teil des Parkplatzes, wo Ines und ihre Eltern schon ungeduldig auf mich warteten. Den Sex im Auto verharmloste ich zu romantischen Küssen, als ich den Grund für meine Verspätung schilderte. Ines glaubte mir die Geschichte erst gar nicht, dann prustete sie los. Auch ihre Eltern amüsierten sich vorne im Wagen. Noch heute lassen die drei keine Gelegenheit aus, heitere Anspielungen auf mein Erlebnis fallen zu lassen. Der arme Andreas, so lustig war das wirklich nicht! Doch er hat zum Glück keine schlimmeren Schäden davongetragen, wie mir ein paar Tage später berichtet wurde. Ich hab ihn seither nicht mehr gesehen. Auch auf einem Bierfest war ich seitdem nicht mehr, doch dieses Jahr will Ines mit mir nach München – im Oktober. Ich denke, wir werden uns amüsieren!

Die 28. Todsünde des Sex: Untreue

Die Verwechslung

Nora (19), Schülerin, Baden-Baden
über
Jannik (19), Schüler, Baden-Baden

Mit 15 war ich in Jannik verliebt. Es war Liebe auf den ersten Blick, völlig rückhaltlos, ich hätte alles für ihn getan. So wie man sich sicherlich nur einmal im Leben, und eigentlich auch nur mit 15, verlieben kann. Jannik war mein Maßstab für Gut und Böse – meine Freunde, Hobbys, meine Familie, alles, was mir vorher etwas bedeutet hatte, war plötzlich absolut nebensächlich. Ich dachte den ganzen Tag über an ihn, vernachlässigte alles andere. In der Schule hielt ich mir manchmal heimlich die Ohren zu, um ungestört an Jannik denken zu können. Das trug nicht gerade zu einer Verbesserung meiner Noten bei, aber das war mir egal. Wen interessierte schon die Schule? All die Lehrer und Leute, die kannten nicht mal meinen Freund! Was führten die also für ein armseliges Leben?

Wahrscheinlich wäre meine Verliebtheit eines Tages von alleine abgeflaut, nichts ist für die Ewigkeit. Das wusste ich damals zwar noch nicht, vom heutigen Stand der Dinge ist es aber ganz klar. Natürlich nimmt jede Verliebtheit irgendwann ab, wandelt sich vielleicht in Freundschaft, Vertrautheit, Zuneigung. Meiner Liebe war es leider nicht vergönnt, diesen natürlichen Abnutzungsprozess zu durchleben, ihr wurde bereits nach zwei Monaten brutal der Hals umgedreht.

Jannik und ich waren auf einer Party. Die Eltern einer Freundin waren nicht da und wir hatten mit circa zwanzig Leuten das Haus gekapert. Wir tranken alles, was wir fanden, rauchten

Eimer, hörten Punkmusik, tanzten und pogten. Ich war so betrunken, wie man ebenfalls nur mit fünfzehn, vielleicht noch mit sechzehn sein kann, ohne zu kotzen oder umzufallen. Euphorisch, ausgelassen und vor allem natürlich verliebt. Jannik ging auf ein Internat und war nur an den Wochenenden in der Stadt. Ich musste also immer fünf Tage darauf warten, ihn zu sehen und flippte völlig aus, wenn es endlich so weit war. Während der Party versteckten wir uns in der Vorratskammer, um endlich Sex haben zu können. Ein prima Versteck. Abschließen konnte man leider nicht, also stemmte ich mich rücklings gegen die Tür, während ständig das Licht an- und ausging – der Lichtschalter war draußen – und betrunkene Partygäste die Klinke hoch- und runterdrückten, um an die in der Kammer lagernden Alkoholvorräte zu gelangen.

Auf dieserart Party schlief man meist irgendwann irgendwo auf dem Fußboden ein, doch wir hatten Glück, Janine, die Gastgeberin, bot uns an, im elterlichen Schlafzimmer zu nächtigen. Gegen vier Uhr morgens saßen wir mit ein paar Leuten in der Küche und unterhielten uns, das heißt, ich kauerte unter dem Tisch, mit halbgeöffneten Augen an der Wand lehnend. Bald gab ich es auf, den Gesprächen folgen zu wollen und begann an Janniks Hosenbein zu ziehen. Ich wollte ins Bett.

»Lass uns noch austrinken, dann gehen wir«, versprach er und tatsächlich, als die Flasche Jägermeister geleert war, stand er auf, zog mich hoch und wir taumelten Richtung Schlafzimmer. Dort lag schon Janine und schlief wie eine Tote. Wir zogen uns aus, und obwohl mir ungeheuer schwindlig war, hatten wir noch mal Sex. Wir waren nach zwei Monaten schon recht routiniert und damals dauerte die Sache an sich ohnehin nur zwei bis höchstens vier Minuten. Ich fand es aufregend, und ich kannte es ja nicht anders. Unmittelbar danach schlief ich ein. Ich lag außen, Jannik in der Mitte, Janine an der Wand. Lange kann ich nicht geschlafen haben, denn es war noch immer halbdunkel, als ich wieder erwachte. Graues Morgenlicht drang durch die geschlossenen Jalousien. Erst dachte ich, die Kopfschmerzen hätten mich geweckt, doch dann nahm ich eine leichte, vorsichtige und doch kontinuierliche Bewegung neben mir wahr. Reglos blieb ich liegen und versuchte, das Geschehen zu orten. Mein Freund lag mit dem Rücken zu mir, fast still, aber nur fast, irgendetwas tat er da, jetzt hörte ich auch ein sachtes Rascheln der Bettdecke, ein verhaltenes Streichen und dann … leise und gerade noch vernehmlich ein Schmatzgeräusch.

Fassungslos riss ich die Augen auf und sog scharf den Atem ein. Dann richtete ich mich auf.

»Geht's noch?!«, brüllte ich meine Bettnachbarn an, die entsetzt hochfuhren und ihre ineinander verschlungenen Gliedmaßen auseinanderzogen. Einen Moment lang saßen wir drei uns stumm im Bett gegenüber, keiner war in der Lage etwas zu sagen. Dann stotterte Jannik: »Du, Nora, es ist eigentlich gar nichts passiert …«, er brach ab und biss sich auf die Unterlippe. Janine sah ihn abwartend an. Als sie begriff, dass er nichts mehr sagen würde, drehte sie mir ihr Gesicht zu und begann eifrig zu nicken. Die schlimmsten Minuten meines Lebens – ich konnte noch immer nicht fassen, was ich da erlebte, verspürte jedoch bereits den vehementen Wunsch, mich umzubringen. Oder besser die beiden. Und warum zur Hölle sagten sie nichts?

»Seid ihr total bescheuert?«, brüllte ich. »Während ich danebenliege! Das ist jawohl das Allerletzte!« Viel mehr fiel mir nicht ein, das alles war zu schlimm, um angemessene Worte zu finden.

»Aber Nora, glaub mir doch, es ist eigentlich gar nichts passiert …«, wiederholte Jannik noch einmal seinen Satz. Und Janine nickte wieder dazu. Ungläubig starrte ich die beiden an. Mehr hatten sie tatsächlich nicht zu sagen?

»Nichts passiert?!«, schrie ich Jannik an. So leicht sollte er mir nicht davonkommen.

»Nein, Nora, ich wollte das nicht«, setzte er endlich zu einem neuerlichen Erklärungsversuch an. Und dann mit leiser Stimme: »Ich … äh, ich hab dich wohl verwechselt …«

Hatte ich richtig verstanden? Einen Moment lang traute ich meinen Ohren nicht. Er hatte mich verwechselt? Das war die dümmste Ausrede, die ich mir vorstellen konnte. Jannik schaute mich erwartungsvoll an, als könnte ich irgendeine andere Reaktion zeigen als kotzen. Auf einmal wollte ich allein sein, ich wollte hier raus, mich zu Hause einschließen und in aller Ruhe heulen und schreien. Ich raffte meine Sachen zusammen und lief aus dem Zimmer. Jannik folgte mir nicht, er blickte beschämt zu Boden, als ich wortlos hinausrannte.

Zu Fuß ging ich nach Hause, mein Schluchzen klang über die morgendlich grauen Straßen. Als ich endlich in meiner Straße ankam, sah ich einen kleinen Jungen in einem Hauseingang sitzen, die schmutzigen Ellenbogen hatte er auf seinen knochigen Knien abgestützt. Er war ungefähr zehn Jahre alt, hatte aber schon Augenringe bis zum Kinn.

»Willst du ficken?«, rief er mir hinterher. Vielleicht war er betrunken? Oder er verwechselte mich ebenfalls? Wenn nicht alles so traurig gewesen wäre, hätte ich gelacht.

Die 29. Todsünde des Sex: Unehrlichkeit

Thank You For Calling

Sabine (40), Fremdsprachensekretärin, Bonn
über
Fabian (43), Studienrat, Bonn

Es war bestimmt nicht gegenseitige Attraktion, die uns verband. Wir nutzten einander aus, um unser Selbstwertgefühl zurückzugewinnen. Das war zumindest der Plan. Aber Fabian überspannte den Bogen leider.

Wir trafen uns beim Laufen. Jeden Sonntag drehe ich im Stadtpark meine Runden. Unter der Woche bin ich zu kaputt für Sport, also bleibt mir nur das Wochenende. Umso wichtiger ist mir diese meditative Stunde am Morgen. Der Park hat nicht gerade den besten Ruf, viele Drogendealer und Verrückte treiben hier ihr Unwesen. Aber Läufer bleiben meist unbehelligt, das ist ungeschriebenes Gesetz.

Ich bin also bei meiner dritten Runde, als mir eine größere Gruppe von Läufern entgegenkommt. Fußballer, ich tippe auf Altherren-Mannschaft. Als wir einander passieren, gibt es ein paar anzügliche Blicke, aber sonst schnattern die Männer ungerührt weiter. Die Gruppe umgibt eine Duftwolke aus Weichspüler, sie bewegen sich etwas behäbig. Ich frage mich, ob die harten Jungs vom Fußballverein wohl wissen, dass sie wie eine Douglas-Filiale riechen. Zwei schnaufende Nachzügler schubsen sich an, als ich vorbeilaufe. Ich lege einen Zahn zu. Mal sehen, wie weit sie kommen, bis wir uns wieder treffen. Diesmal gibt es ein paar Pfiffe, die Gruppe wird mutiger. Sie hatten ja ein paar Minuten Zeit, die nächsten Schritte zu besprechen. Mittlerweile deutlich zurückgefallen, humpelt einer der Nachzügler mit Seitenstechen und Leidensmiene auf mich zu. Er stolpert und sieht wirklich nicht gesund aus. Ich bleibe stehen.

»Alles in Ordnung?«

»Jaja, ist schon etwas länger her, dass ich laufen war.«

»Vielleicht sollten Sie mehr auf die Atmung achten. Wenn man sich beim Laufen unterhält, kommt man ohne Übung schnell aus dem Rhythmus.«

Er lächelt. Das steht ihm.

»Ab einem gewissen Alter steht beim Sport halt die Geselligkeit im Vordergrund.«

Ich betrachtete Fabian. Kräftig gebaut, Vollbart und dunkle, dichte Haare. Nicht unbedingt mein Typ, aber wenigstens hatte er ein realistisches Selbstbild.

»Das trägt ja auch zum körperlichen Wohlbefinden bei. Viel Erfolg noch, nicht so schnell aufgeben, Ihre Kameraden holen Sie bestimmt gleich ab.«

Wir lächelten uns an, während ich rückwärts laufend wieder Tempo aufnahm. Er beherzigte meinen Rat, in den folgenden Wochen liefen wir uns regelmäßig über den Weg. Fabian joggte jetzt alleine und bald hielt er sogar ein, zwei Runden mit. Obwohl wir schnell vertraulich miteinander wurden, flirteten wir nie. Wir waren beide verheiratet und unglücklich mit unserer Beziehung, gleichzeitig aber völlig aus der Übung. Außerdem reizte Fabian mich nicht wirklich. Er war Gymnasiallehrer, sehr belesen und sprachgewandt, ironisch, aber irgendwie auch seltsam uncharismatisch und konturlos. Trotzdem stellte ich mir vor, dass wir eine Affäre beginnen. Es fehlte mir einfach an Alternativen. Vielleicht auch an Phantasie. Eigentlich hatte ich meinen Mann nie betrogen und an vierzehntägigen Sex ohne Licht und Leidenschaft war ich schon lange gewöhnt. Fabian ging es wohl ähnlich, mit einem Unterschied. Er hatte akuten Handlungsbedarf – seine Frau betrog ihn bereits. Aber das fand ich erst später heraus. Es kam also, wie es kommen musste. Irgendwann ging Fabian doch in die Offensive.

»Sabine, wir dürfen neben dem Körper unseren Geist nicht vernachlässigen. Lass uns gemeinsam in die Oper gehen. Was hältst du davon?«

Ich stutzte. Das musste ihn viel Überwindung gekostet haben.

»Ähm, warum nicht, in welches Stück denn?«

»Wie wäre es mit dem ›Rosenkavalier‹ von Strauss, ein Loblied auf den heiligen Stand der Ehe. Und eine Komödie. Also genau das Richtige für uns.«

Vielleicht war seine Ironie sogar Fabians größte Qualität. Ich willigte ein.

An den Opernbesuch kann ich mich kaum erinnern. Ich war in Gedanken mit dem weiteren Abend beschäftigt. Ohne es mir wirklich offen einzugestehen, war ich auf alle Optionen vorbereitet. Mein Mann war an diesem Wochenende nicht zu Hause. Und zum ersten Mal seit zehn Jahren hatte ich Kondome in meiner Handtasche. Fabian erging es ähnlich. Unruhig rutschte er im Sessel herum und beobachtete mich aus den Augenwinkeln. Sexuelle Spannung konnte man das nicht nennen. Wir müssen ein wenig lächerlich gewirkt haben in unserer Unbeholfenheit. Nach der Vorstellung standen wir unschlüssig und sprachlos auf dem Gehweg. Dann küssten wir uns.

Unsere eigenen Zuhause kamen nicht in Frage, Fabian hatte Kinder und ich wollte nicht an mein Leben erinnert werden. Aber er hatte ohnehin vorgesorgt. Zielstrebig brachte er uns in ein Hotel im Stadtzentrum. Er hatte tatsächlich schon gebucht. Wir waren uns also einig. Unser Gespräch beschränkte sich nur noch auf Floskeln und einsilbige Antworten. Endlich schloss sich die Zimmertür hinter uns.

»Ich habe so was lange nicht mehr gemacht.«

Sehr geistreich von mir.

»Ich auch nicht. Wollen wir uns ausziehen?«

Auch nicht viel besser. Nackt standen wir schließlich voreinander. Die ganze Situation war so pragmatisch, dass ich keine Scham verspürte. Wir betrachteten uns und fassten uns gegenseitig zwischen die Beine. Ich war nass, er war hart. Beste Voraussetzungen also. Wir beschränkten uns auf das, was wir konnten – Missionarsstellung ohne langes Vorspiel oder gar orale Befriedigung. Es war nicht schlecht, trotzdem stimmte etwas nicht. Dass wir uns nicht viel küssten, war noch in Ordnung, immerhin brannten wir nicht gerade füreinander. Und als Fabian kurz stoppte und mir Wasser reichte, war das eine angenehme Verzögerung. Doch dann wurde es anders. Fabian begann laut zu stöhnen, ohne das Tempo zu ändern.

»Und, gefällt's dir so, Sabine?«, brummte er laut. »Du bist ganz schön eng. Und ganz schön feucht.«

Ich wusste nichts zu erwidern. Fabian zog seinen Schwanz aus mir raus, klatschte ihn ein paar Mal gegen mich und steckte ihn wieder rein.

»Los dreh dich mal um, ich will dich von hinten nehmen.«

Welch ausgesuchtes Vokabular, das sollte wohl stimulierend wirken? Es passte nur nicht ganz. Außerdem sprach er unnötig laut. Ich machte trotzdem mit. Warum auch nicht? Fabian schien es zu gefallen. Ich stöhnte jetzt betont laut, und er klatschte ekstatisch gegen meinen Hintern.

»Oooaaah, das ist so geil, spreiz deine Backen, oh Gott, ist das geil.« Von Ironie keine Spur. Jetzt war gut. Ich blickte über die Schulter.

»Sag mal, Fabian, alles klar bei dir?«

Doch Fabian war beschäftigt. Er ließ plötzlich von mir ab, hechtete zum Bettrand und grapschte nach seinem Handy. Jetzt schrie er.

»Hörst du das, du verdammte Schlampe?! Was du kannst, kann ich schon lange! Ist das klar!? Ist das klar?!«

Er lauschte kurz.

»Fiiiick diiiich!«, brüllte er dann und schleuderte das Telefon gegen die Wand. Dann vergrub er das Gesicht in seinen Händen und stand reglos und nackt vor dem Bett. Er hatte immer noch eine Erektion, registrierte ich nüchtern. Langsam begann ich, mich wieder anzuziehen. Fabian setzte sich auf die Bettkante und begann zu schluchzen.

»Seit Jahren geht das schon. Erst tat sie es wenigstens heimlich, aber …«, er holte Luft und schrie, »… aber mittlerweile heißt es einfach: ›Ich schlafe heute bei Marko, wir sehen uns morgen, Fabian. Lass die Kinder nicht zu lange fernsehen.‹«

Das hörte sich nicht gut an.

»Und dann küsst sie mich auf die Stirn … auf die Stirn! Und dann geht sie …«, Fabian schluchzte jetzt hemmungslos. Irgendwann, es kam mir wie Stunden vor, stand ich angezogen vor ihm. Er blickte auf und sah sich verblüfft um. Dann fixierte er mich und streckte kraftlos seine Hand aus.

»Bleib doch. Es tut mir leid. Ich musste doch etwas tun. Ich will sie nicht verlieren. Bleib doch.« Seine Stimme ging in ein Murmeln über.

»Fabian, schau mich an.« Sein Blick war zerstört.

»Fabian, ich gehe jetzt. Ich kann dir heute nicht mehr helfen, ich kann nicht. Komm in den Park, dann reden wir. Aber erst mal will ich das hier schnell vergessen. Verdammt noch mal, Fabian.«

Er nickte mutlos und ich ging. Wochen vergingen. Jeden Sonntag drehte ich meine Runden, aber von Fabian keine Spur. Meiner Beziehung half diese furchtbare Nacht. Zumindest ein wenig. Wir reden wieder mehr miteinander, machen uns unsere Situation bewusst und bemühen uns um eine Verbesserung. Aber es ist schwierig. In ein paar Wochen fliegen wir nach Indien. Nach jahrelangen Mallorca-Reisen mal etwas anderes erleben. Wir werden sehen.

Und dann eines Sonntags kommt er mir doch wieder entgegen. Genauso erschöpft wie beim ersten Mal.

»Hallo, Sabine.«

»Fabian.«

»Sie ist weg. Ich bin allein. Gilt dein Angebot noch? Können wir reden?« Dabei lächelt er.

Wir laufen los.

Die 30. Todsünde des Sex: Unzurechnungsfähigkeit

NUR EIN KRATZER

Anja (26), Bürokauffrau, Bremen
über
Siv (28), Redakteur, Bremen

Siv war mir schon früher aufgefallen. Auch heute musste ich immer wieder zu ihm rübersehen. Er war hübsch anzusehen, sympathisch und cool, er tanzte nicht peinlich und er küsste keine anderen Mädchen.

Mehrmals schlich ich an Siv heran mit der festen Absicht, ihn lässig in ein Gespräch zu verwickeln, oder noch besser, ihm einen unwiderstehlichen Blick zuzuwerfen und nonchalant an ihm vorbeizuschlendern. Er würde mir gebannt hinterherblicken und dann wie magnetisiert folgen. Leider sah er mich nicht an, und ich schlich mit klopfendem Herzen an ihm vorbei, da ich es nicht wagte, mich zu ihm zu stellen. Sobald jemand auch nur ein wenig interessant ist, werde ich schüchtern. Das nimmt proportional zu.

Warum kannte ich Siv eigentlich nicht, dafür aber jeden anderen der verhaltensgestörten, verborderlineten oder verwachsenen Gäste? Ich war nur hier, weil ein paar meiner Kollegen mich mitgeschleift hatten; ohne Sivs Anwesenheit hätte ich die Party bestimmt schon lange verlassen. Doch seinetwegen blieb ich, erduldete den vergnomten Dirk oder Dürk, der einfach nicht weggehen wollte und dessen feuchte Aussprache sich unangenehm in meinem Gesicht niederschlug, ließ mich tapfer antanzen und ertrug sogar die Musik, die geradewegs aus der Hölle zu kommen schien. Das wunderte mich nicht, schon früher am Abend hatte mein fassungsloses Auge die DJ-Namen auf dem Flyer erblickt. Hatte wirklich jemand einen DJ namens OrgasmusKönig gebucht? Konnte das wirklich sein?

Gerade stolperte ein Typ mit einer lustigen Party-Brille auf mich zu und lallte etwas unverständlich Öbszönes. Sein fleischwurstfarbenes Gesicht war ganz dicht vor meinem, wenige Zentimeter noch und es wäre einem Kuss gleichgekommen. Seine letzte fremdbestimmte Ejakulation lag wahrscheinlich schon Jahre zurück, doch irgendwie konnte ich kein Mitleid für ihn aufbringen.

Ich beschloss, jetzt doch besser zu gehen. Da sah ich plötzlich, dass Tine bei Siv stand. Ich hatte sie noch nicht begrüßt und rannte, die Gunst der Stunde nutzend, schnell auf sie zu. Es lief wie am Schnürchen, Tine stellte uns vor und Siv sprang sofort auf mich an. Er wandte sich mir zu und begann, mir Fragen zu stellen. Den Rest des Abends wichen wir einander nicht mehr von der Seite, er war eloquent und witzig, auch wenn der Alkoholgenuss sich bereits auf seine Aussprache auswirkte.

Allzu lang blieben wir nicht mehr, Hand in Hand verließen wir die schreckliche Party.

»Kommst du noch mit?«, hatte Siv mich gefragt und ich hatte genickt, ein »Wohin« war nicht nötig. Eiskalte Luft schlug uns entgegen und ich fühlte mich gleich ein wenig nüchterner, was ganz angenehm war. Als Siv jedoch vor einem Auto stehen blieb und umständlich einen Schlüssel aus seiner Jackentasche fummelte, staunte ich doch.

»Du willst doch nicht etwa noch Auto fahren?«

»Wieso?«, mit unschuldig chaplineskem Erstaunen blickte er mich an und wankte dabei gefährlich hin und her. »Is gar nich weit bis zu mir …«

Wir stritten uns nur kurz. Ich bin wirklich nicht stolz auf mein Verhalten, aber bei der Kälte hatte ich keine Lust, mit ihm auf der Straße zu stehen und zu diskutieren. Er wird schon wissen, was er tut, dachte ich und stieg in sein Auto. Während der Fahrt fummelte Siv am Radio herum, wühlte in den CDs, die praktischerweise alle unbeschriftet waren. Er wollte mir unbedingt ein Lied vorspielen, das er selbst gemixt hatte.

»Ach was, sind ja schon da«, sagte er plötzlich und blickte sich verwirrt um. »Spiel ichs dir halt oben vor ... irgendwo parken müssen wir noch ...« Siv lenkte den Wagen auf die andere Straßenseite, wendete sportlich mit quietschenden Reifen, so dass ich mich am Sitzrand festkrallte, und lenkte mit aufheulendem Motor auf eine Parklücke zu.

»Vielleicht steig ich schon mal aus ...«, schlug ich vor, aber er winkte ab.

»Gleich fertig ...« Rabiat zog er in die Lücke, was ihm auch erstaunlich gut gelang, doch dann setzte er nach vorn und dotzte laut klirrend gegen das vordere Auto.

»Verflucht ...« Wir stiegen aus und sahen uns die Bescherung an. Eine deutliche Beule verunzierte den fremden Wagen, Sivs Auto schien nicht viel passiert zu sein.

»Is nich so schlimm«, befand er. »Muss ich eben noch mal umparken.«

»Meinst du? Du kannst doch nicht einfach wegfahren!«, warf ich ein.

»Soll ich etwa die Bullen rufen? Ich bin doch total besoffen, die nehmen mir sofort den Lappen weg!« Da hatte Siv allerdings recht, also blieb ich auf dem Bürgersteig stehen und wartete, während er sein Auto wieder aus dem Parkplatz lenkte und es ein paar Meter weiter noch einmal versuchte. Diesmal richtete er keinen weiteren Schaden an. Ich sah, wie in den Häusern um uns rum ein paar Lichter angingen, doch das ließ sich nicht ändern.

»Cool, endlich zu Hause«, freute sich Siv, als er kurze Zeit später seine Wohnungstür aufschloss. Er holte uns zwei Gin-Tonic aus der Küche, dann setzten wir uns auf sein Sofa. Wir hatten genug geredet, küssten uns endlich und zogen uns aus. Ich hatte so etwas schon lange nicht mehr gemacht, meist gefiel mir niemand und es ergab sich einfach nicht. Seit fast vier Monaten hatte ich keinen Sex gehabt, und ich war aufgeregt und froh hier zu sein. Wir hatten gerade erst angefangen, ich kniete nackt und breitbeinig über Siv, als es plötzlich klingelte. Gleichzeitig wurde an die Tür geklopft. Wie erstarrt blickten wir uns an, keiner rührte sich. Das Klingeln setzte sich fort, penetrant und schrill.

»Aufmachen, Polizei!«, rief eine Stimme. Siv hatte sich noch immer nicht gerührt. Entsetzt blickte er mich an.

»Ich glaub, du musst aufmachen ...«, sagte ich und griff nach meiner Jeans. Wir zogen uns schnell an, dann lief Siv zur Tür, von der noch immer lautes Klopfen kam.

»Sind Sie der Halter des Fahrzeugs mit dem amtlichen Kennzeichen ...«, hörte ich eine Männerstimme im Flur. »Sie wurden beobachtet ...«

Fünf Minuten später saß ich allein im Wohnzimmer und trank schlammigen Kaffee aus einem Becher mit der Aufschrift: »Ich Chef – Du nix«. Die Polizisten hatten Siv mit zur Wache genommen. Fahrerflucht war keine Lappalie, wie der jüngere der beiden Beamten uns mit missbilligendem Kopfschütteln mitgeteilt hatte. Nach zehn Minuten beschloss ich, dass es sich wahrscheinlich nicht lohnen würde, auf Siv zu warten, also rief ich ein Taxi und fuhr nach Hause.

Die 31. Todsünde des Sex: Verrat

ALEX IM SPIESSERLAND

Ludmilla (24), Studentin der Theaterwissenschaften, Berlin
über
Alex (28), Informatiker, Potsdam

Niemals hätte ich Alex meinen Eltern vorstellen dürfen. Das hatte ich zwar schon vorher geahnt, aber dann kam alles völlig unerwartet und ganz anders, als ich es mir vorgestellt hatte.

Ich bin wohl das, was man im Allgemeinen als eine Tochter aus besserem Haus bezeichnet, und aus diesem besseren Haus hatte es mich schon recht früh fortgezogen, mit neunzehn, gleich nach dem Abitur. Mein Vater ist Chefarzt an einer Berliner Klinik und ziemlich konservativ – wenn man es unfreundlicher ausdrücken wollte, könnte man auch sagen reaktionär. Zu seinen Überzeugungen gehört etwa, dass Frauen »unberührt« in die Ehe gehen sollten, was für Männer natürlich nicht gilt, weil die sich erst einmal »die Hörner abstoßen« müssten, oder dass Frauen sich in erster Linie um Haushalt und Kinder zu kümmern hätten. Überhaupt kommt als gehobener Beruf für Frauen eigentlich nur der der Lehrerin oder der Krankenschwester in Betracht. Arme Leute sind für ihn solche, die sich eben nicht genügend angestrengt haben, und so fort.

Da er solche Absurditäten nicht nur denkt, sondern sie auch gegenüber jedem, der diesen Mist hören will – oder auch nicht – völlig unbefangen äußert, hatte ich es schon lange aufgegeben, Freunde mit nach Hause zu bringen. Es war einfach zu peinlich.

Meine Mutter ist eine hübsche, üppige Blondine, herzlich, fröhlich und erst Ende dreißig. Sie ist bestimmt nicht dumm, aber leider scheint sie ihre Meinungen in den großen und kleinen

Dingen des Lebens ungeprüft von meinem Vater zu beziehen, jedenfalls widerspricht sie ihm nicht, wenn er seine Auffassungen und Prinzipien verkündet. Allerdings würde das Miteinander der beiden anders kaum funktionieren. Mein Vater, der etwa zehn Jahre älter ist, hat sie kurz nach ihrem Abitur geheiratet – richtig: er hat sie geheiratet, nicht umgekehrt –, vielleicht wegen ihrer Jungfräulichkeit? Aber da bin ich mir nicht sicher, in unserer Familie wird über solche Dinge nicht gesprochen.

Zu dieser Familie gehört noch mein kleiner Bruder, der ebenfalls die Ansichten meines Vaters übernommen hat oder sie zumindest unreflektiert nachplappert. Aber da er erst zwölf ist, besteht die Hoffnung, dass er noch zur Vernunft kommt.

Also bin ich aus der hübschen Villa in Dahlem ausgezogen und habe mir eine winzige, billige Wohnung am anderen Ende Berlins gesucht. Für meine Eltern war es ein Schock, dass ihre wohlbehütete Tochter allein in einem Stadtteil wie Friedrichshain wohnen würde, wo sie übrigens noch nie waren. Der Schock war noch größer, als ich verkündete, dass ich Theaterwissenschaften studieren wolle. Nicht dass meine Eltern Theatermuffel wären, im Gegenteil, sie gehen mindestens einmal im Monat ins Theater oder in die Oper, aber für ihre Tochter hatten sie sich etwas Biedereres vorgestellt. Und was bitte konnte man beruflich als Absolventin der Theaterwissenschaften schon anfangen, um ordentlich Geld zu verdienen? Mein Bruder jedenfalls würde einmal Jura oder Medizin studieren oder auf eine Wirtschaftshochschule oder Ähnliches gehen, das stand für sie fest.

Immerhin zahlen sie mein Studium, was ich ihnen hoch anrechne, und seit ich allein wohne, gibt es auch weniger Streitpunkte. Schließlich sind es meine Eltern, und irgendwie mag ich sie auch so, wie sie sind. Ab und zu besuche ich sie am Wochenende, und mit meiner Mutter telefoniere ich fast jeden zweiten Tag.

»Hast du inzwischen eigentlich einen Freund?«, fragte meine Mutter bei unserem letzten Telefonat. Solche Dinge interessieren sie am meisten.

»Ja, schon, habe ich.« Im selben Moment bereute ich bereits meine Offenheit, denn meine Mutter hakte sofort nach: »Wie heißt er denn? Und was macht er?«

»Alex. Er heißt Alex und ist Informatiker. Er arbeitet in der Entwicklungsabteilung einer größeren Softwarefirma.« Das schien ihr zu gefallen.

»Du musst ihn uns unbedingt bald mal vorstellen.«

»Ja, mal sehen. Wenn es irgendwie passt.« Damit gab sie sich erstaunlicherweise für diesmal zufrieden. Aber eben nur für dieses Mal. Bei jedem unserer folgenden Telefonate bestand sie dringender darauf, Alex kennenzulernen.

Ich mochte Alex, ich mochte ihn sogar sehr. Er ist zärtlich, intelligent und besonders hilfsbereit. Er hat eine Menge gelesen, und es gibt kaum ein Thema, das mich interessiert, zu dem er nicht irgendetwas Kluges beizutragen hätte. Und im Bett ist er ein wirkliches Ass! Ich liebte den Sex mit ihm! Nur steht sein ausgeglichenes, liebenswürdiges Wesen in einem krassen Gegensatz zu seinem leicht abenteuerlichen Äußeren. Nicht, dass er hässlich wäre. Keineswegs! Er sieht sogar richtig gut aus, ein wenig wie der junge Bela B. Blass, schwarzhaarig, dunkle Kleidung im Heroin-Model-Stil. Dennoch wusste ich, dass er für meinen Vater wie eine Mischung aus Junkie, Rockmusiker und Hausbesetzer der Kreuzberger Anarchoszene wirken würde – alles nicht sein Geschmack. Alex ist das, was mein Vater in seiner unnachahmlichen und ebenso unzeitgemäßen Art mit verstaubten Ausdrücken aus seiner Jugend als Gammler, Hippie oder langhaarigen Affen zu bezeichnen pflegt.

Auf Alex' linkem Handrücken sind bunte Ornamente zu sehen, die sich unter seinen schwarzen Hemdsärmeln heimlich bis zum Brustkorb hochziehen. Ein chinesischer Drache windet sich als blau-schwarz-rotes Tattoo um seinen rechten Arm, um mit feuerspeienden Nüstern über dem Handgelenk zu enden. »Hoffnung« ist in schnörkeligen Lettern um seinen Hals tätowiert. Neben dunklen Hemden trägt er gern gestreifte Shirts, Röhrenjeans,

Piercings im Gesicht und spitze Schuhe. Nichts, was man auch bei noch so gutem Willen als ein modisches Outfit bezeichnen könnte. Zumindest nicht im Sinne meiner Eltern. Alle zaghaften Versuche meinerseits, seinen Stil wenigstens bei besonderen Anlässen zu beeinflussen – Was hältst du heute von Rollkragenpullover und Handschuhen? – sind an ihm abgeprallt wie Wasser auf einem Entengefieder. Aber warum auch, er gefällt mir ja.

Vor Kurzem hatte mich Alex gefragt, ob ich mit ihm zusammenziehen möchte. Ich war unschlüssig und hatte seinen Vorschlag erst mal abgeblockt. Den Schlüssel zu meiner Wohnung hatte ich ihm schon überlassen, doch in seiner Wohnung fühlte ich mich absolut nicht wohl, es war chaotisch und ungemütlich, ich war nicht sicher, wie wir das in einer gemeinsamen Wohnung vereinbaren sollten. Trotz all seiner Vorzüge und obwohl ich sehr an ihm hing, war ich mir nicht klar, ob ich auf Dauer mit ihm zusammenbleiben wollte. Tattoos und Piercings stören mich bestimmt nicht, aber wie meine Eltern darauf reagieren würden, das glaubte ich zu wissen. Schließlich war es jedoch nicht mehr zu vermeiden, dass ich meiner Mutter versprach, Alex am nächsten Sonntagnachmittag zum Kaffee mitzubringen.

Beklommen klingelte ich an der Haustür meiner Eltern, obwohl ich einen Schlüssel besaß. Auf meinen Wunsch hatte Alex die Piercings aus Augenbraue und Mundpartie genommen und seine abstehenden Haare nach hinten gekämmt, aber er sah immer noch ziemlich wild aus, wenn man die Maßstäbe meiner Eltern anlegt. Meine Mutter öffnete und mit ihrem üblichen strahlenden Lächeln begrüßte und küsste sie mich. Erst dann fiel ihr Blick auf meinen Freund und für den Bruchteil einer Sekunde huschte über ihr schönes, gepflegtes Gesicht ein Schatten, von dem ich hoffte, dass nur ich ihn bemerkte, die ich ihr Mienenspiel genau kannte. Es war, als hätte sie eine Kakerlake im Salat oder eine tote Maus in ihrer Suppe oder etwas ähnlich Ekliges entdeckt. Sofort fing sie sich aber wieder, und ihr verbindliches Standardlächeln kehrte zurück.

»Na, dann kommt mal herein – äh, kommen Sie bitte herein.«

Sie komplimentierte uns an den fein gedeckten Kaffeetisch in unserem riesigen Wohnzimmer. Zu meinem Erstaunen bewegte sich Alex in dieser großbürgerlichen Umgebung völlig unbefangen und sicher. Auch als mein Vater zu uns stieß, lief alles unerwartet glatt, jedenfalls nach außen hin. Man wahrte die Form. Locker und oberflächlich lief das Gespräch vom Wetter über die aktuelle wirtschaftliche und politische Lage zu den neuesten Berliner Theaterproduktionen. Mein Vater hielt sich merklich zurück, und als die Rede auf Barack Obama kam, verkniff er sich sogar die Bezeichnung »Neger«. Er nannte ihn einen »erstaunlich erfolgreichen Farbigen«. Nach einer guten halben Stunde verabschiedete er sich und murmelte etwas von einer Arbeit, die er noch erledigen müsse.

»Ich habe gehört, Sie sind Informatiker. Dann müssen Sie doch eigentlich etwas von Computern verstehen. Oder?«, fragte meine Mutter leicht unbedarft, nachdem mein Vater das Zimmer verlassen hatte. Worauf wollte sie hinaus?

»Na ja, das ist in dem Beruf wohl nicht zu vermeiden«, sagte Alex nachsichtig.

»Wissen Sie, ich habe in letzter Zeit ständig Schwierigkeiten mit meinem Internetzugang. Ich muss ewig warten und dann passiert nichts. Vielleicht könnten Sie sich das mal ansehen. Ich würde Sie für ihre Mühe auch selbstverständlich bezahlen.«

Ich konnte es nicht fassen. Meine spießige Mutter wollte sich von meinem Bürgerschreck helfen lassen. Vielleicht hatte ich sie unterschätzt und sie beurteilte Menschen doch nicht nur nach ihrem Äußeren.

»Das ist nicht nötig«, wehrte Alex entschieden ab. »Ich schau es mir gern mal an. Am besten jetzt gleich?«

»Oh ja. Das wäre wirklich nett.« Erfreut ging meine Mutter vor uns her in ihr Arbeitszimmer, das fein säuberlich in drei Bereiche aufgeteilt war: Nähmaschine, Leinwand mit Aquarellfarben und eben der Computer.

Alex brauchte vier Minuten, dann hatte er den Schaden behoben. Entzückt lobte meine Mutter seine technische Genialität, doch er lachte nur bescheiden.

»Wenn noch mal etwas ist, können Sie mich jederzeit anrufen. Hier ist meine Karte.« Versonnen lächelnd nahm meine Mutter die Karte meines Freundes entgegen und steckte sie in die Tasche ihrer eisgrauen Wolljacke.

Es verging eine weitere Stunde mit freundlichem, oberflächlichem Geschwätz. Ich begann, mich über den vergeudeten Nachmittag zu ärgern. Totgeschlagene Zeit!, dachte ich. Aber wie will man Zeit totschlagen, sie besiegen? Ein ganz falsches Bild!, ging es mir durch den Kopf. Wir sind doch nicht Herr über die Zeit. Sie holt uns immer wieder ein, unausweichlich ... Ich hatte mich aus dem Gespräch längst ausgeklinkt.

Es war etwa drei Wochen nach diesem Besuch, als ich wieder zum Haus meiner Eltern fuhr, um einige Winterklamotten zu holen, diesmal allein. Ich hatte noch den Hausschlüssel, wollte mich nicht lange aufhalten, deshalb hatte ich mein Kommen auch nicht telefonisch angekündigt.

Als ich die Haustür aufschloss, war alles still. Es schien niemand zu Hause zu sein. Aber dann hörte ich aus dem ersten Stock ein leises Knarren oder Quietschen. Es schien aus dem Schlafzimmer meiner Mutter zu kommen. Dort, in dem geräumigen, hellen Zimmer mit dem großen Bett und dem kleinen Schreibtisch, auf dem auch ein Laptop stand, hielt sie sich nachmittags meistens auf.

Ahnungslos öffnete ich die Tür zu dem Zimmer einen Spalt breit. Das Erste, was ich sah, waren die zarten Rundungen des Rückens und des Hinterns meiner Mutter, die sich rhythmisch auf und ab bewegten. Ihr üppiges Haar, das sie geöffnet hatte, wippte seidig über ihre matt glänzenden, vollen Schultern. Vielleicht lag es an meiner leichten Kurzsichtigkeit. Ich hatte morgens meine Kontaktlinsen nicht eingesetzt, da meine Augen in letzter Zeit mit den Linsen auf Kriegsfuß standen. Jedenfalls dauerte es einige Sekunden, bis ich begriff, was da gerade vor sich ging. Jetzt sah ich unter dem sich immer schneller bewegenden Frauenkörper ein Paar gelb-graue Fußsohlen und dünne behaarte Männerbeine, die mir merkwürdig vertraut vorkamen. Und dann sah ich für einen Moment sein Gesicht: Alex! Es war unfassbar: Meine Mutter, diese scheinheilige Spießerin, vögelte den Freund ihrer Tochter.

In diesem Moment gab Alex einen lang gezogenen Stöhnlaut, fast wie ein Knurren, von sich, und sein hagerer Oberkörper bäumte sich auf. Dabei drehte er seinen Kopf in meine Richtung und schien zu mir herzusehen. Ob er mich durch den schmalen Türspalt erkannt hat, werde ich wohl nie erfahren.

Leise zog ich die Tür wieder zu und rannte aus dem Haus.

In meiner Wohnung angekommen, rief ich schluchzend Herrn Özdemir an, der im Nachbarhaus einen Schlüsseldienst betreibt, und beauftragte ihn, mein Türschloss auszutauschen.

Die 32. Todsünde des Sex: Weinerlichkeit

Tränen lügen nicht

Maja (31), TV-Redakteurin, Köln
über
Kjell (34), Account Manager, Athen

Gefühle zeigen ist wichtig – keine Frage. Ich habe der hilflosen Sprachlosigkeit meiner Eltern lange genug gelauscht, um das zu wissen. Manchmal wechselten sie mehrere Wochen kein Wort miteinander. Für uns Kinder war die Stille ganz normal, Papa straft Mama mal wieder mit Schweigen. Unsere Mutter unternahm zahlreiche Friedensangebote, aber sie bekam die Konfliktpartei nicht mal an einen Tisch. Irgendwann gab sie meistens auf und spielte mit.

Selten nur eskalierte die Situation, dann drohte unsere Mutter mit Scheidung und Auszug. Aber das waren Ausnahmen, Standard war der beidseitige Rückzug ins Arbeitszimmer und den Garten. Papa stand stoisch und verschwiegen in der Garage und reparierte das Motorrad, Mama pflanzte Rosen und dekorierte die Terrasse. Tagelang, immer nach Feierabend. Wenn wir Geschwister in späteren Jahren an Weihnachten oder Ostern nach Hause kamen, merkten wir schon beim Betreten des Elternhauses, ob Krieg oder Frieden und damit Schweigen oder Sprache herrschten. Beides war Teil unserer Familie, wir hatten uns damit abgefunden. Nur für unser eigenes Leben hatten wir Besseres geplant, das gelobten wir uns gerne und feierlich.

Meine Freunde etwa hätten unterschiedlicher nicht sein können – dennoch war jeder von ihnen verpflichtet, bei Zank und Streit die anfallenden Probleme auszudiskutieren. Das verstand sich von selbst. Wenn ein Typ mal den schweigsamen Cowboy spielte, war es eben auch schnell gelaufen. Natürlich dünnte das die Zahl potentieller Kandidaten aus, viele Jungs laufen ja bereits vor der Pubertät mit völlig absurden Rollenvorstellungen durchs Leben. Da gibt es bis zur Volljährigkeit viele Gelegenheiten, auf emotionale Abwege zu geraten. Männer reden halt nicht über ihre Probleme und so. Aber wenigstens musste ich nie dieses beklemmende Schweigen aus meinen Kindheitserinnerungen erleben. Und eigentlich scheinen mir viele Männer heutzutage auch ganz gut mit ihren Gefühlen umgehen zu können. Vielleicht weil sie ohne Vater aufgewachsen sind – Scheidungskinder mit mütterlichem Sorgerecht dominierten hier eindeutig. Meine Schwestern sind weniger erfolgreich mit dieser Methode, die eine hat nur selten überhaupt eine Beziehung, die andere hat es wohl übertrieben – ihre stundenlangen Ehestreitigkeiten haben schon mehrere Anzeigen wegen nächtlicher Ruhestörung eingebracht. Dass es einmal zu viel werden könnte mit den ganzen Gesprächen und Emotionen, habe ich trotzdem kaum erwartet.

Seit fast zwei Jahren schon habe ich keine festen Partner mehr. Um ehrlich zu sein, hatte ich in dieser Zeit kein einziges Mal mehrmals Sex mit demselben Typen. Mir passt das ganz gut, ich bin momentan viel unterwegs und kaum länger als drei Wochen in der gleichen Stadt. Und wenn ich echte Nähe brauche, telefoniere ich mit Freunden oder eben meinen Schwestern, die mittlerweile in Hamburg oder Düsseldorf leben.

Was mich meine Forderung nach mehr Emotionalität zwischen Männern und Frauen überdenken ließ, ereignete sich im sommerlichen Athen. Ich arbeite für eine mittelgroße TV-Produktionsfirma aus Köln. Wir produzieren vor allem Beiträge fürs Privatfernsehen, machen aber auch viel für internationale Wirtschaftsunternehmen. Nach Athen brachte mich, meinen Kameramann und den Tontechniker eine Galerie-Eröffnung, für die der Kunde als Hauptsponsor auftrat. Unser Kunde war eine große Investment-Bank, die das Ereignis dokumentieren und für die eigene Image-Pflege nutzen wollte. Meinetwegen, der Auftrag bedeutete eine hohe Gage bei verhältnismäßig geringem Aufwand. Zudem bekamen wir ein paar Sonnentage in Athen, während es in Deutschland fleißig weiter regnete. Die Sache verlief reibungslos, am Tag der Vernissage konnten wir sogar ausschlafen. Die Galerie lag unweit unseres Hotels und Kjell, unser Kontaktmann von der Bank, holte uns persönlich mit seinem Dienstwagen ab.

Während der Eröffnung war ich ziemlich beschäftigt, aber als alle Reden aufgenommen und genug Atmosphäre eingefangen war, packten wir unsere Sachen in Kjells Kofferraum und mischten uns noch ein wenig unter die Gäste. Dass Kjell auf mich stand, hatte ich gleich am Flughafen gemerkt. Optisch war er ein typischer Banker. Dunkelblauer Anzug mit breit gestreifter Krawatte, randlose Brille und ein von Nikotin und übertriebenen Alkohol-Exzessen verschontes, irgendwie weiches Gesicht. Aber der Rest war nicht schlecht, Kjell war bestimmt zwei Meter groß und investierte seine Freizeit offensichtlich in Segeln und Gewichte heben. Mit tiefer, sonorer Stimme empfing er uns: »Herzlich willkommen in Athen, mein Name ist Kjell Hietanen, ich bin während Ihres gesamten Aufenthaltes Ihr Ansprechpartner bei …«

Etwas steif vielleicht, dabei schien ihm seine Aufgabe Spaß zu machen. Während der Fahrt zur Location referierte er über Griechenlands Probleme mit Korruption, die Waldbrände auf dem Peleponnes und wie schön die Arbeit hier trotzdem war. Dabei betrachtete er mich im Rückspiegel, wobei er gelegentlich den Faden verlor.

Während der Ausstellung trat er schließlich zu mir, als ich gerade gedankenverloren eines der Exponate betrachtete. Micha und Max waren ganz von ihrem Plan eingenommen, möglichst schnell besoffen zu werden und mit irgendeiner »Kunst-Muschi« zu verschwinden. Ich hatte mich noch nicht entschieden, wie der Abend verlaufen sollte.

»Verstehen Sie etwas von diesen Arbeiten?«, raunte Kjell mir ins Ohr. »Ich werde den Verdacht nicht los, dass der Künstler meine Vorgesetzten verarschen will.«

Harte Worte, Kjell hatte meine Aufmerksamkeit.

»Ich meine, wir mieten ihm die Räume, machen Werbung, laden medienwirksame Gäste ein und der Mann liefert uns Strichmännchen, die heidnische Rituale auf einsamen Waldlichtungen abhalten oder was auch immer das sein soll.« Ich musste lachen. Offensichtlich hatte auch Kjell jetzt Feierabend.

»Ach kommen Sie, das bezahlen Sie doch aus der Portokasse. Sie sollten halt aufpassen, dass nicht immer die Ehefrau ihres Vorstandsvorsitzenden die Künstler aussucht. Hat sie einen Doppelnamen und ist selbst auch nicht ganz unambitioniert auf diesem Gebiet?«

Kjell grinste. »Da vorn steht sie«, raunte er und nickte zu einer blondierten Mittfünfzigerin herüber, die sich angeregt unterhielt, dabei ständig eine Hand an den Hals hob und den Mund in gespieltem Erstaunen weit öffnete. »Aber sie hat hiermit nichts zu tun. Dafür ist keine Zeit, ihr Gebiet ist mehr die soziale Wohltätigkeit. Eine Zukunft für arme Kinder und so. Allerdings hat sie tatsächlich einen Doppelnamen, nicht schlecht.« Er prostete mir zu, während ich uns zwei weitere Weingläser von einem Tablett nahm.

»Wir sind hier falsch, Kjell«, ging ich zum Du über, »lass uns verschwinden.«

Kjell schaute sich einen Moment unsicher um. »Sieh es als spezielle Gästebetreuung«, fügte ich hinzu, »ich schreibe dir auch ein gutes Zeugnis.« Er nickte knapp, leerte sein Glas und ging wortlos voran. Ich folgte.

Der weitere Abend bot durchaus noch einige positive Überraschungen. Wir spazierten durch die Straßen, es war sehr warm, die Cafés und Kneipen voller Menschen. Großfamilien mit Kindern, junge Männer mit ihren Cross-Motorrädern, Touristen, verliebte Paare, ich fühlte mich wohl und Kjell war ein guter Reiseführer. Allmählich nahm unsere Trunkenheit zu, wir begannen uns zu umarmen, unnötig oft zu berühren, verlegen zu lachen und Lust auf mehr zu bekommen. Die Lichter der Laternen tanzten vor meinen Augen, mein Gleichgewichtssinn ließ nach, mir fiel eine Flasche Bier aus der Hand. In einem Hauseingang küssten wir uns richtig. Wir rieben uns aneinander, Kjell fasste mir in den Slip, ich befühlte seine Erektion. Ein Taxi brachte uns ins Hotel. Mit dieser Entscheidung wurden wir beide plötzlich sprachlos. In stummer Erwartung saßen wir auf der Rückbank, es schien ewig zu dauern. Nach gefühlten Stunden hielten wir dem Fahrer schnell sein Geld hin, marschierten durch die Lobby und stolperten endlich erleichtert ins Zimmer.

Ins Bett schafften wir es nicht mehr. Kjell schob mich gegen die Wand, zog mir das Kleid über den Kopf, während ich an seiner Hose zerrte. Halbnackt standen wir voreinander. Er hob mich mühelos mit einer Hand unter dem Hintern hoch und dirigierte mit der anderen seinen Schwanz zwischen meine Beine. Und so kopulierten wir im Flur im Stehen. Ich schlang Arme und Beine um Kjells massigen Körper und flog davon. Sein Schniefen drang erst gar nicht in mein Bewusstsein. Ich öffnete die Augen und blickte plötzlich in sein verheultes Gesicht. Feuchte Tränenspuren furchten seine Wangen. Es war absurd. Während Kjell mich auf seinem Schwanz auf und ab schob, rannen ihm Tränen übers Gesicht. Seine Unterlippe bebte. Er schien völlig versunken, bemerkte aber dann doch mein erschrockenes Gesicht. Wir hielten inne, ich glitt auf den Boden, er rutschte aus mir raus. So stand er vor mir, mit nassem Schwanz und nassem Gesicht.

»Was ist los?«, flüsterte ich und legte eine Hand auf seine Wange. »Ich bin so glücklich«, raunte Kjell mit belegter Stimme. Er schniefte lautstark und rieb sich die Augen. Ich senkte den Blick. Sein Penis zeigte genau auf mich, er jedenfalls wollte gerne weitermachen.

»Das ... das ist doch kein Grund zu weinen«, stotterte ich. Er zuckte die Schultern und schien sich zu fangen.

»Ich habe mich halt lange nicht so gut gefühlt«, gestand er verschämt, während ihm eine leichte Röte ins Gesicht stieg. Rote Wangen und rote Augen hatte er jetzt. Und wie ich mich kannte, hatte ich gerade nervöse rote Flecken am Hals. Die bekomme ich oft beim Sex. Wir müssen sehr rot ausgesehen haben in diesem Moment. Ich beschloss, die Situation zu retten, umfasste vorsichtig Kjells Hand und führte ihn zum Bett. Er war gleich wieder bei der Sache. Erst lag er auf mir, dann ritt ich ihn, er leckte meine Brüste, ich biss in seinen Hals. Aber plötzlich ging es wieder los. Zum Glück waren wir schon weit gekommen. Ich lutschte gerade an ihm und konnte allmählich eine Pause gebrauchen. Als ich währenddessen zu ihm aufblicken wollte, so wie Jungs das gerne haben, musste ich wieder Tränen sehen. Leider sah er jetzt gar nicht mehr glücklich aus, sondern wie ein kleiner verheulter Junge. Meine Erregung war dahin.

»Was ist denn los mit dir?«, fragte ich besorgt und wischte mir den Mund ab. Und da erzählte er mir, dass er als Banker immer kontrolliert sein müsse und daher im Privaten gern alles rauslasse. Danach ginge es ihm richtig gut, das wäre fast noch besser als der Orgasmus. Das fand ich allerdings nicht. Ich stockte, aber abgesehen von seinen Tränen, schien es Kjell gut zu gehen. Also machte ich einfach weiter. Und als er aufschluchzte, verstärkte ich meinen Einsatz noch. Bevor er richtig losheulte, wollte ich am Ziel sein. Und so spritzte er mir schließlich laut stöhnend und weinend auf Kinn und Hals. Sperma und Tränen überall. Wir sanken zurück und atmeten schwer. Nach ein paar schweigsamen Minuten stützte ich mich auf.

»Du bist der sensibelste Mann, der mir je begegnet ist«, sagte ich ernst. Kjell hatte mit zufriedenem Lächeln dagelegen. Jetzt blickte er mich beunruhigt an. Nach einer Weile sagte er ebenso ernst: »Was meinst du, was erst los ist, wenn *Casablanca* im Fernsehen läuft.« Wir konnten lange nicht aufhören zu lachen. Eine halbe Stunde später liebten wir uns ein zweites Mal. Und er begann wieder zu weinen. Mittlerweile hatte ich mich an seine Tränen gewöhnt, aber wiedersehen wollte ich ihn dennoch nicht.

Die 33. Todsünde des Sex: Unaufrichtigkeit

Pracht und Perfektion

Svenja (33), Buchhändlerin, Düsseldorf
über
Franco (39), Geschäftsführer, Frankfurt

Franco habe ich vor einem Jahr auf einer Party kennengelernt. Es war eine langweilige Party mit langweiligen Leuten in einem langweiligen Vorort von Frankfurt. Ich hatte damals keine feste Beziehung, und eine Freundin hatte mich hierher mitgenommen. Weil wir mit ihrem Auto gekommen waren, konnte ich allein nicht weg. Meine Freundin hatte mich zum Rauchen auf die Terrasse begleitet und stand übertrieben bibbernd neben mir. »Mir ist kalt«, maunzte sie vorwurfsvoll und zog an ihrem winzigen Kleid, das dadurch auch nicht länger wurde. »Geh ruhig rein«, hatte ich gesagt, leider, denn sofort hatte sich ein neuer Gesprächspartner zu mir gesellt, der mir trotz meiner unverzagten Fingerzeige nicht mehr von der Seite weichen wollte.

Da stand ich nun mit einem Sektglas in der Hand und versuchte, diesen Immobilienmenschen abzuwehren, der mich mit der Entwicklung der Immobilienpreise in Frankfurt/Main und Umgebung zu erheitern versuchte. Das Thema interessierte mich nicht im Geringsten, denn ich hatte weder das Geld noch Interesse, mir ein Haus oder eine Wohnung anzuschaffen. Ich muss mich ziemlich Hilfe suchend umgesehen haben, denn plötzlich trat ein gut aussehender Mann in elegantem Anzug, etwa Ende dreißig, zu uns.

»Na wunderbar, dass ich dich hier treffe. Ich habe eine Menge Neuigkeiten für dich. Können wir uns einen Moment allein unterhalten?«, sprach er mich an und zu meinem plötzlich verstummten Langweiler gewandt fügte er hinzu: »Sie entschuldigen uns doch für einen Augenblick. Es ist wirklich wichtig.«

Mit einem bewundernswerten Gespür für das Angebrachte fasste er meinen Ellenbogen und führte mich davon. Ich konnte mich nicht erinnern, ihn jemals gesehen zu haben, aber der Trick hatte funktioniert, und ich war froh, von dem Immobilienmann wegzukommen.

»Entschuldigen Sie bitte, aber Sie sahen so verzweifelt gelangweilt aus, dass ich mich verpflichtet fühlte, Sie zu erlösen. Übrigens, ich heiße Franco, Franco Schumann.«

»Ich glaube, das hätte ich auch allein geschafft, aber trotzdem vielen Dank!«

»Kommen Sie, das hier ist nichts für uns. Ich weiß etwas Besseres.« Er schlug vor, in einen Club in der Innenstadt zu fahren. Eigentlich ging mir das alles etwas schnell. Aber mein Retter machte keinen aufdringlichen Eindruck, und ich muss zugeben, sein schmales Gesicht mit den braunen Augen und dem dunklen, nach hinten gekämmten Haar gefiel mir. Also sagte ich meiner Freundin Bescheid, und wir fuhren in die von ihm vorgeschlagene Bar. Die war dezent, ohne laute Musik, gerade richtig, um sich zu unterhalten, und mein neuer Freund war ein guter Unterhalter. Was er sagte, war witzig, intelligent, selbstironisch, und er brachte mich zum Lachen. Er erzählte, dass er in Frankfurt wohne und dort eine kleine Werbeagentur leite. Sollte er wirklich noch zu haben sein, ein Prachtstück wie er, wunderte ich mich.

Es war gegen drei Uhr früh, als Franco – wir waren inzwischen per du – mich nach Hause brachte. Er konnte direkt vor meiner Haustür halten. Höflich stieg er aus, kam um den Wagen herum und öffnete mir die Beifahrertür. Vor der Haustür küsste er mich auf beide Wangen und verabschiedete sich. Mit seiner Visitenkarte in der Hand stand ich leicht verdattert da. Etwas mehr hatte ich eigentlich nach diesem Abend erwartet.

Der nächste Tag war ein Sonntag, und ich hoffte, Franco würde mich anrufen. Meine Telefonnummer hatte er sich notiert. Aber er rief weder an diesem Sonntag noch an einem der folgenden Tage an. Ich war enttäuscht. Schließlich hielt ich es nicht mehr aus, und am Freitag rief ich ihn in seiner Agentur an. Seine Stimme klang freundlich und vertraut, so als habe er meinen Anruf erwartet und freue sich darüber. Wir verabredeten uns für den kommenden Tag zum Abendessen. Er holte mich ab, und wir fuhren zu einem Italiener mit exquisiter Küche und tollen Weinen. Es war ein wunderbarer Abend. Das Ambiente hätte aus einem High-Society-Film von Lelouche stammen können. Wir unterhielten uns wie alte Freunde, stellten gemeinsame Interessen fest, und ich schwebte auf einer ziemlich hohen Wolke – bis er plötzlich zum Aufbruch drängte und mich wieder mit einem kurzen spitzen Kuss, diesmal immerhin auf den Mund, vor meiner Haustür absetzte.

Ich traute mich nicht, ihn noch in meine Wohnung einzuladen, irgendwie war die Distanz zwischen uns immer noch zu groß. Bevor er aber wieder ins Auto stieg, lud er mich für das nächste Wochenende zu sich nach Hause ein. Er wollte für mich kochen. Immerhin etwas! Er hatte mir mehrmals erzählt, dass er sehr viel Arbeit habe, und so verkniff ich mir die Frage, ob wir uns nicht schon früher sehen könnten. Franco bewohnte eine großzügige, loftartige Wohnung, sparsam, aber geschmackvoll eingerichtet mit eleganten, modernen Möbeln. Er hatte ein tolles Essen vorbereitet, ein köstliches Chateaubriand, gedünstetes Gemüse, dazu gab es einen guten Bordeaux, Kerzen, alles perfekt. Es wurde ein wunderschöner Abend, und da wir beide etwas getrunken hatten, schlug er vor, ich solle bei ihm übernachten. Ich wollte nichts lieber als das!

In der großen Duschkabine seines schneeweiß gekachelten Bades duschten wir gemeinsam. Wir seiften uns gegenseitig ein, und das Wasser rauschte wie ein warmer Tropenregen aus dem esstellergroßen Duschkopf auf uns herab. Es war herrlich. Alles hatte einen Hauch von Luxus. Francos Körper war straff und muskulös und seine Haut leicht gebräunt, durchgehend, überall. Sein Ding allerdings war nur mäßig erigiert, aber das konnte ja noch besser werden. Als wir uns abgetrocknet hatten, nahm er mich bei der Hand und führte mich in ein Schlafzimmer mit einem riesigen Futonbett. Langsam zog er mich auf das Bett, beugte sich über mich und drang behutsam in mich ein. Der Sex mit ihm war anders, als ich es bisher erlebt hatte, rücksichtsvoller, ohne lautes Stöhnen oder ordinäres Geflüster. Franco war zärtlich und sanft – vielleicht ein wenig leidenschaftslos, für meinen Geschmack, aber ich kam doch auf meine Kosten.

Am nächsten Morgen war ich vor ihm wach und hätte ihn gerne noch einmal gespürt. Aber nachdem er aufgewacht war, küsste er mich nur kurz – übrigens ohne eine Spur von Mundgeruch –, schlüpfte in seinen Morgenmantel und verschwand in der Küche. Trotzdem rekelte ich mich genüsslich in dem breiten Bett und spürte die seidige Glätte der Bettwäsche auf meiner nackten Haut. Nach einer Viertelstunde kam Franco mit einem großen Tablett zurück, auf dem er ein üppiges Frühstück gezaubert hatte. Noch nie hatte ein Mann für mich gekocht oder mir mehr als ein Croissant aus der Tüte zum Frühstück serviert. Franco schien perfekt, und ich glaube, ich hatte mich verliebt.

In der Folgezeit trafen wir uns öfter, allerdings nicht so oft, wie ich es mir gewünscht hätte. Genau genommen wusste ich nicht allzu viel von ihm, und es blieb eine merkwürdige Distanz zwischen uns, die ich mir nicht erklären konnte. Vielleicht hing das mit seiner beruflichen Belastung zusammen.

Dann, an einem warmen Abend Ende Juni, saßen Franco und ich in einem Biergarten, als ein Freund von ihm an unseren Tisch trat. Sven. Franco stellte ihn nur mit dem Vornamen vor und meinte gleich, wir sollten uns duzen, Sven sei sein bester Freund. Sven war groß, blond und breitschultrig, äußerlich ganz anders als Franco, aber auch er sah auffallend gut aus.

»Setz dich zu uns«, forderte Franco ihn auf. Der Freund setze sich auf die Bank uns gegenüber, was mir im ersten Moment gar nicht recht war, denn ich hätte Franco lieber für mich allein gehabt. Die beiden schienen sich sehr gut zu kennen, und trotz der äußerlichen Unterschiede hatten sie offensichtlich vieles gemeinsam. Auch Sven war höflich, rücksichtsvoll und ein brillanter Unterhalter. Er gefiel mir. Die beiden warfen sich im Gespräch locker die Bälle zu, ergänzten sich hervorragend, und der Abend wurde noch richtig lustig.

Es war ein warmer Sommer, und meistens trafen wir uns zu dritt, Franco, Sven und ich. An den Wochenenden unternahmen wir Ausflüge in den Rheingau, den Taunus oder den Odenwald, gingen schwimmen oder machten Radtouren. Obwohl ich auch gerne mit Franco allein war, muss ich gestehen, dass ich mich gerne mit diesen beiden attraktiven Männern sehen ließ, vor allem, wenn wir alten Freunden und Bekannten von mir begegneten. Es wurde ein unvergesslicher Sommer, vielleicht der schönste in meinem Leben, auch wenn alles bald auf unerwartete Weise enden sollte.

Mitte August musste Franco für zwei Wochen geschäftlich nach Polen und Ungarn. Er bat mich, in dieser Zeit auf seine Wohnung aufzupassen und seine Pflanzen zu gießen, und so besaß ich zum ersten Mal einen Schlüssel zu seiner Wohnung.

Seit meiner Freundschaft mit Franco und Sven hatte ich meine früheren Freunde ziemlich vernachlässigt, und ich fühlte mich einsam. Daher rief ich am Freitag nach Francos Abreise Sven an, und wir verabredeten uns fürs Kino. Nach dem Film gingen Sven und ich noch in eine Kneipe. Wir redeten und tranken nicht wenig und landeten – ich weiß gar nicht mehr genau wie – in seiner Wohnung und schließlich auch in seinem Bett. Im Nachhinein fürchte ich, ich habe mich ein wenig aufgedrängt. Sven reagierte ausweichend und höflich, doch ich wollte nicht allein sein, ich wollte ihn begleiten, begehrt werden.

Als er kurz im Bad war, zog ich mich aus und legte mich in sein Bett. Dort wartete ich auf ihn. Sven rief nach mir und legte sich, als er mich, augenscheinlich nicht sonderlich überrascht, in seinem Bett vorfand, zu mir. Der Sex mit ihm erinnerte mich ein wenig an Franco – dieselbe rücksichtsvolle, zärtliche, ein wenig unterkühlte Art. Doch ich genoss es trotz meiner heftigen Gewissensbisse, die ich wegen Franco hatte. Ich blieb in dieser Nacht bei Sven, aber am nächsten Morgen erklärte ich ihm, dass dies ein einmaliger Ausrutscher gewesen sei und nicht mehr vorkommen dürfe. Er stimmte höflich zu. Dabei blieb es dann auch, sagen wir im Großen und Ganzen – na ja, bis auf ein einziges weiteres Mal, aber davon will ich hier nicht erzählen. Jedenfalls mochte ich alle beide wirklich sehr gerne.

Zwei Wochen später, an einem Montag, sollte Franco von seiner Geschäftsreise zurückkommen. Daher fuhr ich am Sonntag noch einmal zu seiner Wohnung, um nach dem Rechten zu sehen. Zu meiner Überraschung war die Wohnungstür nicht abgeschlossen, sondern nur zugezogen. Ich war mir eigentlich sicher, sie verschlossen zu haben. Ich machte meine Runde durch die Zimmer. Alles war still. Dann fiel mir auf, dass die Tür zum Schlafzimmer einen kleinen Spalt offen stand. Ich stieß die Tür weiter auf, und das Erste, was ich bemerkte, waren ein Koffer und eine große Reisetasche direkt vor meinen Füßen, offenbar eilig abgestellt und noch nicht ausgepackt. Dann erst fiel mein Blick auf das niedrige Futonbett, und es dauerte bestimmt mehrere Sekunden, bis ich erfasste, was ich sah.

Dort lagen nackt und eng umschlungen meine beiden Freunde. Sie schliefen. Francos Gesicht war mir zugekehrt, und sein Ausdruck war so entspannt und glücklich, wie ich es bisher nie erlebt hatte. Er schien im Schlaf zu lächeln. Mir war klar, dass ich gegen diese Liebe der beiden keine Chance hatte. Ich fühlte mich ausgeschlossen und wollte auch nicht stören. Leise zog ich die Schlafzimmertür zu und verließ unbemerkt die Wohnung. Ich war nicht wütend, sondern nur tief traurig. Warum waren sie denn nicht ehrlich zu mir gewesen? Was war ich denn für sie? Als ich auf die Straße trat, hatte es angefangen zu regnen. Der Sommer neigte sich seinem Ende zu. Auf dem Weg zur U-Bahn mischte sich der Regen mit meinen Tränen.

SCHWARZKOPF & SCHWARZKOPF

SCHLECHTER SEX 2

DER ZWEITE BESTSELLER VON MIA MING! JETZT BERICHTEN 33 MÄNNER ÜBER IHRE LUSTIGSTEN, PEINLICHSTEN & ABSURDESTEN ERLEBNISSE

»Im Frühling zog sie den Kerlen die Hosen runter, jetzt müssen die Frauen dran glauben. Für den zweiten Teil ihres Buches ›Schlechter Sex‹ lästerten 33 Männer mit Autorin Mia Ming.« Bild.de

MIA MING
SCHLECHTER SEX 2
33 MÄNNER BERICHTEN ÜBER IHRE LUSTIGSTEN, PEINLICHSTEN & ABSURDESTEN ERLEBNISSE
232 Seiten, Taschenbuch
ISBN 978-3-89602-849-5
9,90 EUR (D)

»Schlechter Sex 2« zeigt, dass zu gutem Sex immer ZWEI gehören.

»In dem neuen Buch von Mia Ming berichten 33 Männer, was Frauen im Bett alles falsch machen können, besser bleiben lassen sollten und noch zu lernen haben.« Abendzeitung

»Nach ›Schlechter Sex 1‹ lässt der zweite Teil endlich die Männer zu Wort kommen. Sie berichten der Berliner Autorin Mia Ming von unangenehmen Missverständnissen, hysterischen Anfällen, metrosexuellen Abenteuern, schlecht gewachsten Bikini-Zonen und dem mysteriösen Labyrinth weiblicher Emotionen. Was Frauen im Bett alles falsch machen können, besser bleiben lassen sollten und noch zu lernen haben – die Jungs plaudern offen und ohne Rücksichtnahme von ihren intimsten Flops. Fazit nach beiden Bänden: Zu gutem Sex gehören immer noch zwei!« McFit

»Wenn 33 Männer ihre witzigsten Bett-Geschichten auspacken, werden Sie die Augen aufreißen. Weil Sie naturgemäß nie dabei sind, wenn er seinen Kumpels davon erzählt. Weil Sie erfahren, wie Sie's besser (nicht) machen. Und weil jede einzelne Geschichte wirklich passiert ist. Autorin Mia Ming hat diesmal Männer zum Erzählen gebracht.« Petra

»Bisher dachten wir, für Männer gelte die Devise: Hauptsache Sex – Details unwichtig. Irrtum! Auch er leidet. Männer und ihre schlimmsten Bettgeschichten gibt's in ›Schlechter Sex 2‹.« Jolie

WWW.SCHWARZKOPF-SCHWARZKOPF.DE

SCHWARZKOPF & SCHWARZKOPF

WIE FRAUEN TICKEN

ÜBER 100 FAKTEN, DIE AUS JEDEM MANN EINEN FRAUENVERSTEHER MACHEN
DIE ERWEITERTE SONDERAUSGABE DES BESTSELLERS!

»Kurz, praktisch und präzise ist hier zusammengefasst, wie sich Frauen wünschen, von den Männern behandelt zu werden. Das Buch erklärt, was sich hinter so manch einer Äußerung einer Frau versteckt und wie man den weiblichen Code entschlüsseln kann.« Top-Magazin

HAUKE BROST &
MARIE THERES KROETZ-RELIN
WIE FRAUEN TICKEN
ÜBER 100 FAKTEN,
DIE AUS JEDEM MANN EINEN
FRAUENVERSTEHER MACHEN
312 Seiten, Broschur
ISBN 978-3-89602-812-9
12,90 EUR (D)

»Vielschichtig, widersprüchlich, geheimnisvoll und komplex« – so stellt sich für viele Männer das Mysterium »Frau« dar. Hauke Brost hat sich zusammen mit Co-Autorin Marie Theres Kroetz-Relin aufgemacht, die fremde Galaxie »Frau« äußerst amüsant zu erkunden. Die erweiterte Neuausgabe enthält den Sonderteil von Hauke Brost »Wie Frauen ticken – und wie wir Männer darüber denken«.

»Was Männer schon immer wissen wollten und nie begriffen haben. Jetzt wird das Rätsel ›Frau‹ gelöst!« BILD

»Es ist viel Wahres dran an diesem Buch, obwohl man als Leserin nicht glauben möchte, dass man genetisch bedingt so ein widersprüchliches Wesen sein soll.« WAZ

»Einfach die aufschlussreichsten Passagen mit einem Post-It versehen und dem Liebsten hinterlegen – damit er Sie jeden Tag ein bisschen besser versteht.« Petra

»In Co-Arbeit mit Hauke Brost schildert Marie Theres Kroetz-Relin unter anderem, wie gut Frauen eigentlich durchs Leben kommen, den Alltag meistern – und ihre Gedanken zu Psyche und Sex.« Woman Österreich

»Das Buch ist eine Liebeserklärung an Frauen, so wie sein Vorgänger den Männern freundschaftlich auf die Schulter klopft.« Neue Rhein Zeitung

»Ehrlich, schamlos und direkt.« Coburger Tageblatt

WWW.SCHWARZKOPF-SCHWARZKOPF.DE

DIE AUTORIN

Mia Ming wurde 1977 im Rheinland geboren. Ihre Eltern wünschten sich eine erfolgreiche Anwältin und aufopfernde Ehefrau mit zwei Kindern und Reihenhaus in Bad Godesberg. Sie bekamen eine kettenrauchende Nachtschwärmerin von zweifelhafter Moral mit zwielichtigen Freunden, wechselnden Liebschaften und einer WG im Prenzlauer Berg. Wir sind darüber sehr froh.

Nach ihrem Studium der Literaturwissenschaften und Kunstgeschichte arbeitete sie 5 Jahre als Lektorin in einem Verlag. Sie kennt viele Leute, hat kaum Feinde und nie Probleme mit Türstehern. Tagsüber schläft sie, nachts schreibt sie oder läuft auf der Suche nach neuen Abenteuern durch die Straßen Berlins. Viele Menschen finden sie seltsam, manche halten sie für gefährlich, aber keiner kann besser zuhören, da sind sich alle einig. Ob Lesung, Vernissage oder Club – Mia Ming ist stets ganz Ohr, wenn der Smalltalk in ein Flüstern übergeht ...

Ihre ersten beiden Bücher wurden zu Bestsellern. In Band 3 erteilt sie jetzt den Frauen das letzte Wort. Leserpost an Mia Ming senden Sie bitte per E-Mail an schlechter.sex@schwarzkopf-schwarzkopf.de.

Mia Ming
SCHLECHTER SEX 3
33 Frauen berichten über ihre lustigsten,
peinlichsten & absurdesten Erlebnisse
ISBN 978-3-89602-868-6 | 1. Auflage April 2009
Lektorat: Sylvia Gelinek

KATALOG
Wir senden Ihnen gern kostenlos unseren Katalog
Schwarzkopf & Schwarzkopf Verlag GmbH / Abt. Service
Kastanienallee 32 | 10435 Berlin
Telefon: 030 – 44 33 63 00 | Fax: 030 – 44 33 63 044

INTERNET | E-MAIL
www.schwarzkopf-schwarzkopf.de
info@schwarzkopf-schwarzkopf.de